臺灣歷史與文化 研究輯刊

十八編

第 3 冊

宜蘭「文化立縣」的經驗及其民俗過程（下）

楊 金 源 著

花木蘭文化事業有限公司

國家圖書館出版品預行編目資料

宜蘭「文化立縣」的經驗及其民俗過程（上）／楊金源 著 --
初版 -- 新北市：花木蘭文化事業有限公司，2020〔民 109〕
目 6+136 面；19×26 公分
（臺灣歷史與文化研究輯刊十八編；第 3 冊）
ISBN 978-986-518-183-3（精裝）
1. 文化行政 2. 文化產業 3. 民俗 4. 宜蘭縣
733.08   109010598

ISBN-978-986-518-183-3

9 789865 181833

臺灣歷史與文化研究輯刊
十八編　第三冊　　　　　　ISBN：978-986-518-183-3

宜蘭「文化立縣」的經驗及其民俗過程（下）

作　　　者	楊金源
總 編 輯	杜潔祥
副總編輯	楊嘉樂
編　　　輯	許郁翎、張雅淋　美術編輯　陳逸婷
出　　　版	花木蘭文化事業有限公司
發 行 人	高小娟
聯絡地址	235　新北市中和區中安街七二號十三樓
	電話：02-2923-1455／傳真：02-2923-1452
網　　　址	http://www.huamulan.tw 信箱 hml810518@gmail.com
印　　　刷	普羅文化出版廣告事業
初　　　版	2020 年 9 月
全書字數	315941 字
定　　　價	十八編 16 冊（精裝）台幣 40,000 元

版權所有・請勿翻印

宜蘭「文化立縣」的經驗及其民俗過程（下）

楊金源　著

目

次

第五章　傳統戲曲與民間休閒文化記憶

　　1980 年代台灣在解除戒嚴的高亢開放氛圍中，圍繞在地主體性的文化詮釋躍為廟堂顯學。歌仔戲因具備「講台語」、「本省產的」等鮮明本土徵象，能通俗有趣映現常民集體記憶，因而獲得較多的關注。文化場域中式微的地方戲曲、在社會場域中的宜蘭轉換為宿具人文價值的文化資本，在這時間、空間及意識形態的交錯結構中因著某些舊文化因素或文化政治論述，被肯定而保存下來。在前期文化意識形態中，以西方現代性精緻藝術品味為尚的定義下，歌仔戲被否定為敗壞社會的消極因素，遭受主流知識菁英貶抑諷為鄙俗；在當下文化意識形態中，本土為尚的文化層次終於正視了歌仔戲民間人文累積的積極價值。本土、在地的時潮回歸與肯定，重新成為宜蘭當階段文化認同的重要力量，甚至成為下一階段宜蘭文化再生產的連續有效因素。

　　在這樣的文化視野下，余秋雨認為戲劇，通過無數觀眾自發的現場反應來延伸自己的歷史，是用來探索族群集體心理的最佳途徑〔註 1〕，庄頭、廟祭的歌仔戲曾經活躍在宜蘭庶民生活世界中，活脫便是自我展演與再生產，而今官方以文化政治介入，地方戲曲復膺為地方民俗文化事象中之積極因素。姚一葦側觀不同取徑旨趣，注意到人類學家企圖自戲劇中發現人類任何民族所共有的東西，正式所謂的「基型意象」，不僅將戲劇作為特定時空的文化象徵，同時反映了該時代人的生活方式，以及他們的思想、觀念和意識形態〔註 2〕。筆者以為，從與宜蘭舊情境最密切相關的地方戲曲，來說明區域民俗文

〔註 1〕余秋雨：《中國戲劇史》（台北，天下遠見文化，2007 年），頁 5。
〔註 2〕姚一葦：〈戲劇與人生〉，為邱坤良《日誌時期台灣戲劇之研究》作序（台北，自立晚報出版部，1992 年）。

化、政策與地方文化符號間的關聯，為一饒富趣味及建設性的視角，也可藉以解析此現象背後之「思想、觀念和意識形態」。

第一節　宜蘭本地歌仔傳統的形成與困境

宜蘭歌仔戲地方社會稱為「本地歌仔」，又稱「老歌仔」、「舊卷歌仔」或「傳統歌仔戲」。緣於閩南「歌仔」音樂曲調元素及車鼓小戲的身段台步，在宜蘭早期結合蘭陽在地風情後發展成小戲型式的「歌仔陣」，以「落地掃」小團體平面演出的土俗「醜扮歌仔戲」〔註3〕搭隨著當時在地民間社會的信仰禮神及廟埕文化，在社區聚落中發散著兼融貢神與通俗文化消費的廟會狂歡式魅力。在歌仔戲研究領域裡，各方普遍認同歌仔戲從宜蘭「本地歌仔」的民間土俗歌謠形式而地方小戲，進而在吸收其他劇種表演元素後而形成了完備表演形式大戲的發源史。歌仔戲被肯定為台灣本土形成的傳統劇種，作為民間鄉土表現的本地歌仔難以例外於主體社會的劇變，在西方現代性東來後的城市化進程，快速的輪轉了社群生活關係及民間娛樂樣態，承載於草根鄉土的民間歌仔戲曲，在後現代多元文化與資本主義消費社會的生活場景裡，失落了傳承的結構性條件。宜蘭是歌仔戲生成的原鄉，從文化資產保存及文化多樣化的人文價值思維中，觀看農業社會遠颺下式微的民間文化場景，確實顯現出焦慮處處！

一、本地歌仔傳統的形成

從社會變遷的觀點而言，歌仔戲作為民間戲曲的生命史開展於宜蘭社會的鄉社生活，而繁盛、蛻變到式微的流轉軌跡，恰如台灣漢移民社會從農墾、到工商社會、再到全球化社會的生活型式與文化衝擊的進程一般，因著不同的主體經濟形式而有著相異的文化激素與民間娛樂樣態，鋪陳著不同的生存處境與戲曲文化紋理。歸納歌仔戲劇種的早期文獻記錄，在台灣有關戲劇的調查報告或史志記錄，最早的應為 1901 年的《台灣慣習記事》中 1 卷 3 號的

〔註3〕「落地掃」，係指歌仔戲最初的演出型式，歌仔陣在街道廣場或遶境行列中在因陋就簡的演出場地所進行甚具機動性、演員不重妝扮，以素樸土俗即興演出之摺子小戲。參據林茂賢、洪季楨、葉青：《歌仔戲溯源計畫研究報告書》（台北：民間藝術工作室，1997），頁 7～9；楊馥菱指出：「歌仔陣」行進之際遇群眾聚集場所即以四支隨陣攜行的竹竿分置場所四方圍成一平面表演區，就地為場搬演起以民間故事為主戲文的表演型式稱為「落地掃」。又因演員不重妝扮屬「醜扮歌仔戲」的表演形態。參據楊馥菱：《台灣歌仔戲史》（台中：晨星，2002），頁 46。

〈俳優？演劇〉〔註4〕，到連橫出版於 1920 年《台灣通史》第 23 卷〈風俗志・演劇〉〔註5〕的史志，皆未列及「歌仔戲」此一劇種；直至 1921 年日人片岡巖，所出版影響台灣民俗研究深遠的調查著作《台灣風俗誌》的〈台灣？演劇〉單元中，也僅明述台灣的大人戲有查某戲、団仔戲、子弟戲、採茶戲、車鼓戲、皮猿戲、布袋戲及傀儡戲等劇種，也尚難直接驗證台灣社會當時是否已形成了以「歌仔戲」為名的劇種。但片岡巖該著作中的〈戲的用語〉單元中卻說明了「台灣的戲劇可分為：只用台灣語的『白字（be-ji）』、台語官話混用的『九甲（kau-ka）、四評（su-peng）』、只用官話的『亂彈（lan-tan）』及只有唱歌的『歌戲（koa-hi）』（譯者：拼音部份係依原著所記之片假名改寫）」〔註6〕，其中所及「歌戲」一項，是傳統戲劇類形學分類的概稱或即為本研究中所針對的、所理解的歌仔戲，也是無以確證。

　　歌仔戲作為獨立劇種的正式官方文獻，遲至 1928 年首見於日治時期台灣總督府文教局社會課的《臺灣に於ける支那演劇及臺灣演劇調：昭和二年三月十五日現在》〔註7〕，該調查紀錄顯示台灣各劇種並首度將歌仔戲與正音戲、四棚、亂彈、九甲、白字戲、布袋戲、傀儡戲等並列。1937 年東方孝義在《台灣習俗》介紹台灣劇種時，再度列入歌仔戲為十三種類型之一〔註8〕，可視為日治時期歌仔戲成型且名稱確立的另一文獻佐證。

　　在閩南漢移民帶入「歌仔」的歌謠音樂及「車鼓戲」身段動作、表演場面基礎下根著宜蘭發展而為「本地歌仔」，並因宜蘭員山鄉結頭份村大樹下俗號「歌仔助」的歐來助在旱田園裡搭設「歌仔寮」教戲，開枝拓葉的促成各「本地歌仔子弟班」，進一步發展而為半商業演出的「歌仔陣」，再到職業化演出的「歌仔戲團」。參據《台灣省通誌》卷六學藝志藝術篇地一章第八節述及：「民國初年，有員山結頭分人歌仔助者，不詳其姓，以善歌得名。暇時常以山歌，佐以大殼絃，自拉自唱，以自遣興。所謂歌詞，每節四句，每句七字，句腳押韻而不相聯，雖與普通山歌無異，但是引吭高歌，別有韻味，是即為七字調也。……歌仔助將山歌改編為有劇情知台詞，傳授們下，試為演

〔註4〕臺灣慣習研究會著、臺灣省文獻委員會編譯，《臺灣慣習記事（中譯本）》（臺中：臺灣省文獻委員會，1984～1993 年）。

〔註5〕連橫：《台灣通史》（台北：眾文，1979 年）。

〔註6〕片岡巖：《台灣風俗誌》（台北：大立，1986 年）。

〔註7〕台灣總督府文教局社會課：《臺灣に於ける支那演劇及臺灣演劇調：昭和二年三月十五日現在》（臺北：臺灣總督府文教局，1928 年）。

〔註8〕楊馥菱：《台灣歌仔戲史》（台中：晨星，2002 年），頁 20。

出，博得佳評，遂有人出而組織劇團，名之曰『歌仔戲』」，鮮活的記載了歌仔戲在地孕育發煌的過程。對這樣的地方戲曲形成與發展過程，曾永義嘗根據對中國傳統戲曲源流分脈與相因互動的歷史觀察，分析歌仔戲的發展類形係由鄉土歌舞而逐步形成地方小戲，進而由地方小戲吸收其他劇種的大戲特色後，豐富了自身民俗藝術的特質與表演要件後而形成了地方大戲的表現形式與戲曲魅力〔註 9〕。林峰雄從宜蘭的民間調查中，驗證了歌仔戲確實是在民間唸歌說唱基礎下所形成的本土劇種，其發展為具特殊性地方大戲表演形式的期間，應在於日治殖民的 1895 迄 1945 年間，田野調查文本顯示，宜蘭地區確係最早有大量歌仔戲傳播與演出活動的熱區。邱寶珠在 1986 到 1987 年進行的溯源調查中發現，歌仔戲早期在地繁衍發散的民間動力型式，主要是以聚落同好因緣於師徒人際脈絡所自發聚合的「本地歌仔子弟班」，而這般熱潮傳唱的「本地歌仔子弟班」，分佈於蘭陽平原各生活聚落，此類民間戲曲傳衍的自發性結社前後曾出現過 20 個班〔註 10〕，足見「本地歌仔」，盛極一時的流行風潮與社會動力，初期組成於聚落的本地歌仔教習、演出團體之所以稱為「子弟班」，是由於「成員多係由鄉間子弟醜扮」而且「組班只作業餘性的表演，而非為職業性的團體」。班社歷史最早、最悠久的應係形成且活躍於 1901 到 1924 年的「洲仔尾班」〔註 11〕，呈現為鬧熱遶境移動中廟口與路口俗稱「落地掃」的即興表演型式，與公眾生活與地方話題貼合互動。1905 年《台灣日日新報》一篇宜蘭「演歌戲」形成社會風氣頹廢誨淫的報導兼評論，間接提供了宜蘭歌仔最早的活躍佐證〔註 12〕。

宜蘭「本地歌仔」表演型式的傳統，在吸納車鼓小戲及北管的亂彈戲、

〔註 9〕 「小戲」與「大戲」之別，在於「小戲的形成」常緣於歌舞、曲藝、雜技、宗教儀式的發展模式。曾永義：《台灣歌仔戲的發展與變遷》（台北：聯經，1993年），頁 27～28。

〔註 10〕 參據林峰雄：〈歌仔戲在台灣地區的文化地位〉收於《藝術評論》第六期（台北：台北藝術大學，1995 年 12 月），頁 137～148。

〔註 11〕 「洲仔尾」為漢語舊地名，為當今宜蘭縣礁溪鄉二龍河北岸聚落舊稱。「洲仔尾」位於噶瑪蘭族「淇武蘭」聚落的尾端，而噶瑪蘭語中「淇武蘭」係指「河沙堆積的沙洲地」，漢人入墾後遂以漢語自稱此聚落。

〔註 12〕 《台灣日日新報》1905 年（明治 38 年）8 月 18 日第五版以〈惡習二則，歌戲〉為題，報導宜蘭「演歌戲」演出盛況及劇文內容所可能形成對社會風氣的影響。楊馥菱認為日日新報漢文版此篇報導文本，極可能是紀錄歌仔戲演出的最早文獻資料，也佐證歌仔戲起源與宜蘭的密切關係。參據楊馥菱：《台灣歌仔戲史》（台中：晨星，2002 年），頁 54。

四平戲與京劇等大型劇種元素同時融入在地民俗文化後〔註13〕，在蘭陽平原早期封閉的地理情勢影響下，有了較具地方性的表現特質。在曲調傳統方面：張月娥1986年深入宜蘭田野親訪老藝人以簡譜記錄本地歌仔各種曲調，整理彙整有28種之多〔註14〕，最常出現每首四句的七字調，其他較常出現的尚包括都馬調、狀元樓、雜唸、三盆水仙、哭調……等〔註15〕；其中七字調源自閩南歌仔或稱錦歌，有來自民謠的留傘調、送哥調、桃花過渡（渡船調）、大調、串調、探親調、哪噯喲仔（牛犁調）等所謂古怪調，有來自客家山歌的採茶調合車鼓調，這些民歌直白淺俗易解、曲調輕快〔註16〕，有來自京戲的哪嘎嘎，有來自北管戲曲的陰調，及悲苦時空背景所產生的哭調等；七字調配合於劇情中作普通敘述，雜唸調作長篇敘述，留傘調、採茶調用以熱鬧場景，哭調則營造悲苦場面〔註17〕。在劇目傳統方面：從宜蘭縣政府文化局所屬「台灣戲劇館」所調查田野口傳及蒐藏的歌仔冊顯示，主要為稱為「四大齣」具代表性的「山伯英台」、「陳三五娘」、「什細記」、「呂蒙正」，皆為表現男女情愛且民間熟悉故事情節的文戲〔註18〕，以及其後參與廟會演出發展而來的扮仙戲《大拜壽》等〔註19〕。在身段傳統方面：「本地歌仔」也富含了「有聲皆歌」及「無動不舞」的中式傳統戲曲美學，善於藝術化的結合在地日常生活在表演中表現為生、旦、三花、老婆等角色的手勢、台步、扇花及身段；「本地歌仔」較具標誌性的特色身段包括，大部分劇中人物皆

〔註13〕林峰雄、鄭英珠、藍素娟：《老歌仔的容顏》（宜蘭：宜蘭縣政府文化局，2006年），頁90。

〔註14〕張月娥：〈本地歌仔音樂之調查與探討〉收於林峰雄：《宜蘭縣立文化中心台灣戲劇中心研究規劃報告》（台北：行政院文建會，1988年），頁560～737。

〔註15〕林茂賢、洪季楨、葉青：《歌仔戲溯源計畫研究報告書》（台北：民間藝術工作室，1997年），頁7～9中述及30多種。

〔註16〕陳健銘：〈從「行歌互答」到「本地歌仔」〉收於其《野台鑼鼓》（台北：稻鄉，1989年），頁3。

〔註17〕林峰雄、鄭英珠、藍素娟：《老歌仔的容顏》（宜蘭：宜蘭縣政府文化局，2006年），頁71～84。

〔註18〕文戲相對於武戲，係屬於重視唸白、唱工、做工的文場表演型式，而非武打武場戲。

〔註19〕林茂賢、洪季楨、葉青：《歌仔戲溯源計畫研究報告書》（台北：民間藝術工作室，1997年），頁7～9。
林峰雄、鄭英珠、藍素娟：《老歌仔的容顏》（宜蘭：宜蘭縣政府文化局，2006年），頁40～68。

持扇子出場擺身段亮相或「展扇花」,再者演員出場時先要循序配合扇花、台步、亮相等先「走四大角」,甚受車鼓小戲身段影響,另旦角亮相時配合眼送秋波的「使目箭」發送嫵媚等〔註20〕。在演員角色傳統方面:「本地歌仔」有異於中國傳統戲曲及後期改良式歌仔戲中生、旦、淨、末、丑等五大行當的分別,主要僅分別為生、旦、丑等三行當,且「本地歌仔」演員清一色由男性扮演〔註21〕;旦有正旦、花旦、老旦;丑則有三花、丑婆;至於大花、二花及武生、武旦、武丑等,可能受限於「本地歌仔」主要劇目均為文戲之特質,傳統演出中均無此等角色〔註22〕;由於「本地歌仔」是以「落地掃」即席即興演出都隨意穿戴並無精細妝扮,僅有旦角頂戴頭花、假髮、施粉簡妝,常見的是到達演出的庄頭後地頭的未婚少女會熱心提供,甚至為旦角獻上自己待嫁的「嫁妝裳」,因妝扮陋簡故又稱「醜扮歌仔戲」這樣的演出妝扮型式直到職業歌仔戲盛行影響後才有了改變〔註23〕。在劇場型式傳統方面:「本地歌仔」的演出場地通常配合演出的隨機任意空間,在宜蘭俗稱「落地掃」又稱「土腳迌(地上行走之意)」,是以廣場、街口、廟口、庄頭等平地為台即席框置竹竿為演出空間〔註24〕,劇場型式及表演空間非常自由且具移動性,頗能體現宜蘭早期農業社會的鄉土草根與觀、演兩造間互動的貼近與脈動相連。

　　有關歌仔戲的曲調淵源部分,陳嘯高與顧曼莊認為是由漳州、薌江一帶的「錦歌」、「採茶歌」流傳到台灣成為歌仔戲基底〔註25〕;其後的呂訴上、邱坤良等也主張台灣歌仔戲音樂淵源中的台灣歌仔調「即來自閩南薌江一代的錦

〔註20〕林茂賢、洪季楨、葉青:《歌仔戲溯源計畫研究報告書》(台北:民間藝術工作室,1997年),頁8;林峰雄、鄭英珠、藍素娟:《老歌仔的容顏》(宜蘭:宜蘭縣政府文化局,2006年),頁90~104。

〔註21〕林茂賢、洪季楨、葉青:《歌仔戲溯源計畫研究報告書》(台北:民間藝術工作室,1997年),頁8。

〔註22〕林峰雄、鄭英珠、藍素娟:《老歌仔的容顏》(宜蘭:宜蘭縣政府文化局,2006年),頁106~122。

〔註23〕邱寶珠:〈本地歌仔子弟班調查報告〉收於林峰雄《宜蘭縣立文化中心台灣戲劇中心研究規劃報告》(台北:行政院文建會,1988年),頁775。惟有另一說是,已婚少婦將收藏櫃中之當時嫁時裳提供改扮穿著。

〔註24〕林茂賢、洪季楨、葉青:《歌仔戲溯源計畫研究報告書》(台北:民間藝術工作室,1997年),頁9。

〔註25〕陳嘯高、顧曼莊:〈福建和台灣的劇種──薌劇〉收於《華東戲曲劇種介紹》第三集(上海:新文藝,1995年)。

歌」〔註26〕；在地專注宜蘭歌仔戲的民間研究者陳健銘，也在比對錦歌的發展文獻及所唱故事、所唱曲調及唱詞後表示「早年台灣歌仔戲萌芽時期所演唱的曲調，都是由福建流傳過來的錦歌發展而成」，其舉證理由為「宜蘭人的祖先百分之九十以上來自福建漳州」，自然傳唱了祖籍故鄉的小調歌謠〔註27〕。林鶴宜歸納歌仔戲源自閩南「雜錦歌」又稱「乞食調」，初傳台灣時僅以「唸歌仔」方式口敘民間故事，並無完備表演型式，而其正因為在宜蘭與本土日常生活相融，加上車鼓陣的場面與身段型式後，而由「坐唸歌仔」發展為在地歌仔子地班競相「滾歌仔」的傳習熱潮，進而凝聚為「歌仔陣」盛行於宜蘭社會中民間信仰或鬧熱場合的「落地掃」表演型式，是歌仔戲外台化表演的早期形態〔註28〕。在前揭一系列宜蘭本地歌仔淵源於閩南錦歌的結論中，另有一考證反思，曾永義即提問，倘論本地歌仔確受「錦歌」之影響，「何以在台灣無論文獻或語言從未曾見聞有『錦歌』一詞？」〔註29〕；陳健銘也在深入宜蘭田野後發覺了宜蘭民間「許多老藝人也從來不知道他們唱了大半輩子的大調、七字調、倍思調……」是傳自「家鄉曲調『錦歌』」〔註30〕。對此論斷之爭議，楊馥菱更深入戲曲發展史之歷史地理脈絡縱深後指出，「『錦歌』即是閩南『歌仔』」傳進漳州市前的另稱，其承載背景在於過往閩南民間盲藝人多以走唱「歌仔」聚客賣藝，「因而早期『錦歌』亦稱之為『歌仔』或『乞食歌仔』」。而「錦歌」與閩南「歌仔」之別，在於閩南「歌仔」係伴隨於17世紀大移民事件中先傳入台灣本島，台灣移民社會所傳唱的確是閩南鄉郊區域尚未傳進漳州市的閩南「歌仔」傳統說唱曲調，楊馥菱澄清，「錦歌」在進入漳州市後始「改稱為『錦歌』或『什錦歌』，係福建省文化局1951年間以稱呼混淆介入統一名稱的，是閩南「歌仔」隨城市化傳入漳州市後的名稱變異，但在漳州週邊鄉村仍稱『歌

〔註26〕呂訴上：〈台灣歌仔戲史〉收於作者《台灣電影戲劇史》（台北：呂訴上，1991年）。

　　　　邱坤良：〈訪楊麗花談歌仔戲〉收於其《民間戲曲散記》（台北：時報出版，1979年），頁81。

〔註27〕陳健銘：〈錦歌過海成歌仔──解開有沒有「錦歌」之迷〉收於其《野台鑼鼓》（台北：稻鄉，1989年），頁49～55。

〔註28〕閩南「雜錦歌」又稱「乞食調」，該歌謠由乞食歌及閩南各劇種曲調融合而成。參據林鶴宜：《從田野出發──歷史事腳下的台灣戲曲》（台北：稻鄉，2007年），頁29～30。

〔註29〕曾永義：《台灣歌仔戲的發展與變遷》（台北：聯經，1993年），頁27～28。

〔註30〕參據李亦園：《田野圖像:我的人類學研究生涯》（台北：立緒，1999年），頁69～87。

仔』」，在歌謠傳播交錯著時間與空間相伴的變易落差下，「台灣老藝人只知『歌仔』而不知『錦歌』」〔註31〕，也是其來有自了。至此，有關於「本地歌仔」有沒有受因於「錦歌」？「錦歌」是否真有傳入台灣的辯證懸念終於獲得澄清；同時證成了宜蘭「本地歌仔」確是在融和了在地風土及墾殖日常生活後，漸進形成為本土歌仔戲的劇種傳統。

二、「本地歌仔子弟班」作為發展基礎

「歌仔」由「本地歌仔」的風行，而促成以各地頭年輕男性子弟為成員的「本地歌仔子弟班」競相組成，宜蘭地區接著在各班社學戲、鬥戲的風潮中而有了業餘性演出的「歌仔陣」，以「落地掃」的演出型式再進一部往「外台歌仔戲」的表演型態過渡。在師承歌仔助開枝拓葉的促成各「本地歌仔子弟班」的脈絡上，《台灣省通誌》記載道：「其初，有林阿儒……」等四人，「授業於歌仔助，後各回鄉，別張旗幟」分別開始於員山庄設「浮洲班」、冬山庄設「冬山班」、五結庄設「二結班」、礁溪庄設「洲仔尾班」，「每逢地方迎神賽會，便參加遊行」〔註32〕等，是宜蘭由個別藝人坐椅拉絃唸唱民間歌謠的「歌仔」型式，發展為「本地歌仔」班社化、戲劇化表演的關鍵過程。

前述邱寶珠在 1986 年 10 月到 1987 年 1 月間，進一步針對宜蘭「本地歌仔子弟班」組成與演出實況以深入訪談老藝人的田野調查方式，按地緣及師緣脈絡發掘「本地歌仔子弟班」的組成與活動主要集中於日據時代，計有 19 個班；而組成、活動於戰後的僅有壯圍鄉的「壯六班」一班。其組成、活動於日據時代的「本地歌仔子弟班」，按地理區域上觀察，溪北（蘭陽溪以北）地區由北而南，依序有頭圍庄（今頭城鎮）成立於 1930 年的「福德坑班」；礁溪庄（今礁溪鄉）成立於 1901 年的「洲仔尾班」、1939 年的「淇武蘭班」；宜蘭街（今宜蘭市）有成立於 1936 年的「七張班」、1943 年的「一結班」、1930 年的「新生班」、1926 年的「壯二班」及 1937 年的「壯三班」，也是後期知名且影響本地歌仔戲甚遠的「壯三涼樂團」；壯圍庄（今壯圍鄉）有成立於 1927 年「後埤班」及戰後 1948 年始組成的「壯六班」、「大堀班」；

〔註31〕楊馥菱：《台灣歌仔戲史》（台中：晨星，2002 年），頁 34～39。另參據楊馥菱：《台閩歌仔戲之比較研究》（台北：學海，2001 年）。

〔註32〕楊馥菱：《台灣歌仔戲史》（台中：晨星，2002 年），頁 34～39。另參據楊馥菱：《台閩歌仔戲之比較研究》（台北：學海，2001 年）。

歌仔戲的故鄉員山庄（今員山鄉）首先即歐來助約在 1912 年「搭寮教戲」的本基地「結頭份班」、1936 年成立的「山仔前班又稱新城班獲水井班」、1938 年的「枕頭山班」、1940 年的「深溝班」、1944 年的「上深溝班」。溪南（蘭陽溪以南）地區，的五結庄（今五結鄉）成立於 1937 年的「二結班」；三星庄（今三星鄉）有約 1938 年成立的「阿里史班」、約 1941 年的「柏腳班」、約 1937 年製木炭工人組成的「滴水湖班」、約 1933 年造林工人組成的「鹿場班」；冬山庄（今冬山鄉）日治時代則有「二壄班」、「廣興水井班」，成立時間則待考證〔註33〕。

　　從田野調查結果分析，宜蘭地區「本地歌仔子弟班」成立、傳佈的民間文化現象，活躍於日治時代末期約 1900～1940 年代；且各班雖大部分有一位關鍵師承奠定子弟班開班基本功及首演主戲齣的口傳心授，但所師「戲先生」〔註34〕常不止一人；班社成立的聚落性強且以鄉間農民及基層勞動者為主，且子弟班成員都為各所在聚落的年輕男性；演出機會常源於本聚落廟會或跨庄鬥戲的鬧熱情境；普遍屬業餘性演出並不與請戲者要約戲金，演出酬賞大部分仰賴演出時現場觀眾的賞金或賞品，賞金多優先供奉「戲先生」，若有賸餘始均分子弟成員，偶有澤及也普遍微薄，賞品又以香菸或酬酢飲宴最為常見〔註35〕。

三、宜蘭本地歌仔戲的式微

　　從超脫地域社會及本地歌仔的視野歸納，當宜蘭社會 1900～1930 年代普遍興起複製聚落化「本地歌仔子弟班」的蓬勃風潮期間，台灣社會環境中已陸續產生了不利於「本地歌仔」生存發展的挑戰。先是知識菁英的抵制，1925 年間開始於《台南新報》以〈萬殊一本〉、《台灣日日新報》以〈無腔笛〉及《台灣民報》以〈歌仔戲怎樣要禁？〉等大眾媒體，批判歌仔戲淫俗而施壓主張禁演。在政治上，有 1932 年日本殖民政府竹山郡當局以戲班敗俗糾紛涉訟為由禁止演出的案例〔註36〕，尤其 1937 年蘆溝橋事件爆發中日戰爭，日本

〔註33〕邱寶珠：〈本地歌仔子弟班調查報告〉收於林峰雄《宜蘭縣立文化中心台灣戲劇中心研究規劃報告》（台北：行政院文建會，1988 年），頁 739～778。
〔註34〕「戲先生」即當時對教授戲曲教師、師父的尊稱。
〔註35〕邱寶珠：〈本地歌仔子弟班調查報告〉收於林峰雄《宜蘭縣立文化中心台灣戲劇中心研究規劃報告》（台北：行政院文建會，1988 年），頁 739～778。
〔註36〕《台灣日日新報》1932 年，第 8 版第 11613 號〈歌仔戲被禁・班員飢餓〉的報導。

殖民政策丕變〔註37〕，台灣軍司令部是年 8 月 15 日宣布進入戰時體制，是為
皇民化運動禁絕本土劇的先聲，皇民化運動在宜蘭落實的指標性事件，包括
起自 1940 年 1 月羅東召開的保甲會議率先禁用台灣語，並於 1940 年 10 月首
次公演稱之以「改良台灣人」為由實則阻斷漢文化及本土戲曲民俗的青年劇，
其後陸續在 1941 年於宜蘭市開始設置「改姓名促進會」及辦理「國（日）語
演講比賽」〔註38〕等一系列皇民化、日語化、壓抑台灣生活民俗包括禁演本
土戲的文化霸權作為，「本地歌仔子弟班」因殖民政權的壟斷高壓，日本警察
對庄頭廟會無所不在的逮捕處分，迫使紛紛解散或停演，碩果僅存的宜蘭市
「壯三班」及礁溪「淇武蘭班」等遇有演出機會，也都依靠與日警交好的在
地頭人打點交涉，勉強延續〔註39〕。

在劇種競爭上，有京劇、南管九角戲、七子戲、潮州戲、白字劇、亂彈
戲、福州戲，甚至日本引進的新劇、歌舞伎、舞蹈團、歌舞團等表演團體及
台灣跟隨日本風潮所組成演出的新劇、連鎖劇、歌舞團等各多元劇種，為數
不少的境外劇團挾知名度及演出內容新鮮感進入宜蘭搶奪觀眾〔註40〕；尤其
在歌仔戲劇種內急速變遷的進程上，在 1925 年前後野台歌仔戲進入城市戲館
演出成為「內台歌仔戲」，造成全省從台北到台南職業歌仔戲團及歌仔戲子弟
班紛紛成立〔註41〕，因市場化及表演型式大量吸納其他大戲劇種及新式文化
劇的表演概念、型式、技藝及設備道具等〔註42〕，各種促使歌仔戲由地方小
戲往大戲形態過渡的社會驅力系統，使得「本地歌仔」傳統演出型式難以維

〔註37〕 台灣省文獻會：〈日據時期之台灣〉收於《台灣史》（南投：台灣省文獻會，
1977）。文中分析日本殖民台灣三政策分期：1895～1918 年為制止抗日的安撫
政策時期；1918～1937 年為「內台一如」的同化時期；1937～1945 年為支持
太平洋戰爭的「皇民化運動」時期。
〔註38〕 參據高淑媛：《宜蘭縣史大事紀》（宜蘭：宜蘭縣政府，2004 年），頁 161～169。
〔註39〕 「淇武蘭班」實即當地先前「洲阿尾班」解散後，始在 1939 年地方頭人與日
警交涉下組成、教習與演出。參據上註586，頁 739～744。
〔註40〕 簡秀珍：《環境、表演與審美——蘭陽地區清代到 1960 年代的表演活動》（台
北：稻鄉，2005 年），頁 211～222。簡秀珍參考呂訴上《台灣電影史》、徐亞
湘主編《日治時期台灣報刊戲曲資料檢索光碟》及宜蘭縣史館輯：《台灣日日
新報宜蘭資料剪輯》統計 1911 年 9 月到 1936 年 7 月日治時期報刊所載境外
劇團在宜蘭演出。
〔註41〕 楊馥菱：《台灣歌仔戲史》（台中：晨星，2002 年），頁 70～77。
〔註42〕 林鶴宜：〈台灣戲劇歷史十二題〉收於氏著《從田野出發：歷史視角下的台灣
戲曲》（台北：稻鄉，2007 年），頁 36～40。及楊馥菱：《台灣歌仔戲史》（台
中：晨星，2002 年），頁 65～69。

持。同時隨著西方現代性東漸，唱片新媒體顛覆性的改變了戲曲消費的時空限制，1920 年代台灣唱片市場就開始新編戲齣的「新歌仔戲」劇本編寫、1920 年末「古倫美亞唱片公司」開始灌錄銷售「媽祖得道」等成套歌仔戲唱片〔註43〕，也造成了戲曲內容及娛樂欣賞經驗的創新。「本地歌仔」傳統的維持與發展受到了前述主、客觀因素嚴重的擠壓，迫使「壯三班」改名為「涼樂團」、樂團」、「淇武蘭班」改名為「喜樂團」，同時與 1948 年始組成的「壯六班」紛紛在 1949 年放棄「本地歌仔」型式傳統，轉型投入「改良歌仔」〔註44〕尋求迎向商業競爭的演出條件。

　　戰後本地子弟班雖有了復振本地歌仔的政治空間，面對既有職業戲團內台歌仔戲市場化〔註45〕及境外各劇種搶食票房的強勢競爭，宜蘭業餘「本地歌仔子弟班」的組織及演出性質，只得順應時潮往商業演出歌仔戲團的過渡，於是步上了從「本地歌仔」逐步轉型為「改良歌仔戲」的過程。

　　「本地歌仔」在轉型為宜蘭「改良歌仔」進入的劇院舞台表演方式，雖已擴充了表演元素，但鄉樸土俗的「醜扮歌仔戲」的戲劇因子仍難以順適市場化劇場評價的挑戰，在鉅資製作的「內台歌仔戲」劇團廣納男女年輕演員兼以華麗戲服、美艷妝扮及編劇、舞台設計、機關道具、宣傳等演出元素逐步專業化的優勢，以及社會生活型態及市場經濟因素快速變遷的層層衝擊下，由宜蘭在地「本地歌仔子弟班」轉型的僅存改良歌仔戲團仍難脫經營困境，終於導致「壯六班」在 1950 年、「涼樂團」在 1953 年及「喜樂團」在 1953 年陸續宣布解散〔註46〕，迫使本地傳統歌仔墜入了傳承及演出競爭的困境。其中壯三「涼樂團」是子弟班中較特殊的一例，在歷經 1937 年以「壯三子弟班」組班揚名後形同解散，到 1941 年重組壯三班曾經盛及周邊甚至受邀遠赴台北貢寮鄉舊社、澳底等地演出後仍因皇民化政策而式微，台灣光復後由專

〔註43〕林鶴宜：〈台灣戲劇歷史十二題〉收於氏著《從田野出發：歷史視角下的台灣戲曲》（台北：稻鄉，2007 年），頁 40～41。

〔註44〕「改良歌仔」為宜蘭在地，對賦與「本地歌仔」新的劇齣、俊艷妝扮、打擊樂武場及由文戲轉向熱場武戲、由「唱多白少」的難懂轉向「白多唱少」的直白等改良票房競爭力的新表演型式統稱。該「改良」旨在為邁向內台戲院職業化演出而轉型。參據林素春：〈宜蘭本地歌仔之研究〉（台北：文化大學藝術研究所碩士論文，1994 年）。

〔註45〕楊馥菱，《台灣歌仔戲史》（台中：晨星，2002 年），頁 99。

〔註46〕參據楊馥菱：《台灣歌仔戲史》（台中：晨星，2002 年），頁 63～64。有關壯三「涼樂團」在 1951 年成立。

司後場大筒絃的樂師張阿頭之子張朝枝自任團長號召班底重組壯三班，但為迎合演出市場競爭易名「壯三涼樂團」往改良歌仔戲轉型，以職業團組織型式設副團長、戲先生、會計、化妝、廚師等編制，強化前場演員陣容外並於後場加入本地歌仔所沒有的鑼、鈸、鼓等音部，由戲先生兼編劇超越傳統戲齣改編通俗章回小說為改良戲腳本，內、外台戲皆演，迎向境外劇團進入宜蘭演出的競爭，雖終在 1953 年不敵內外困境再次宣布解散，但也為宜蘭在地民俗戲曲傳統養成了具代表性的大師級藝師陳旺欉及葉讚生等，延續宜蘭「本地歌仔」僅存的薪傳不斷。

戰後台灣歌仔戲搭隨著視聽傳播科技的逐步成熟蔚為流行文化，廣播歌仔戲，開始在 1954～1955 年間穿越城鄉隔閡快速流行，從北到南各廣播電台幾乎都有歌仔戲節目，電台初期邀約已具知名度歌仔戲團及藝人空中獻唱引起聽眾反應熱烈，大部分廣播電台因而競相創設自屬歌仔戲團〔註 47〕。電影歌仔戲時期，在 1955 年由「都馬劇團」首先投入失利，但帶動「拱樂社」負責人陳澄三借鑑經驗後造成了台灣社會進戲院觀賞歌仔戲的高潮，更回饋了遠超越其他表演途徑的票房收益〔註 48〕，壯大了電影歌仔戲產業規模。緊追其後的電視歌仔戲時期，開展於 1962 年「台灣電視台」歌仔戲首播〔註 49〕，初時因全台家庭擁有電視數僅 4400 台而使電視歌仔戲難與廣播歌仔戲匹敵，其後漸入佳境逆轉為大量吸收廣播歌仔戲名團、名角進駐螢光幕，當時雖以黑白電視畫面素樸播出現場舞台劇，視覺上尚難講究排場及妝扮之華麗，也還沒有先期錄影與後製等修飾技術，台視演出劇團仍因播演需求而由一團增長到五團，演出的戲檔年齣數也由 1962 年的 4 齣，成長到 1966 年投資編製的 33 齣，再成長到 1967 年 38 齣〔註 50〕；前此的電視歌仔戲萌芽期，在 1969 年「中國電視台」加入行列後打破了電視歌仔戲單一中心的市場結構，正式進入了競爭時期，中視初即大手筆招募 4 歌仔劇團以連續劇播出，續以 4 團每週製作新齣輪演滿檔日日播出，兩電視台間愈見緊繃抗衡；1971 年「中華電視台」開播加入，電視歌仔戲邁入三分天下的白熱化時期。值此本土戲曲

〔註 47〕林鶴宜：〈台灣戲劇歷史十二題〉收於氏著《從田野出發：歷史視角下的台灣戲曲》（台北：稻鄉，2007 年），頁 41～42。

〔註 48〕參據楊馥菱：《台灣歌仔戲史》（台中：晨星，2002 年），頁 122～127。

〔註 49〕參據楊馥菱：《台灣歌仔戲史》（台中：晨星，2002 年），頁 128～143。

〔註 50〕楊馥菱：〈楊麗花及其歌仔戲藝術之研究〉（台中：東海大學中文研究所碩士論文，1997 年）。

電子傳播化炙熱階段，黃俊雄主演的史艷文電視布袋戲同時登場，爭搶本土戲劇觀眾〔註 51〕。台灣本土戲曲領域一連串快速又極具市場競爭本質的嚴酷變遷，形成了歌仔戲欣賞及劇藝界傳統難以維持的新生態，使得復振宜蘭本地歌仔與傳薪之路更形遙遠與艱辛。

第二節　傳統戲曲的博物館化

　　宜蘭係一戲曲胎息濃厚的地區，除了歌仔戲為代表台灣本土性劇種生成於斯，又傳習自漳州系統台灣碩果僅存的三個傀儡戲團東來時俱著根蘭陽，及自主演出或配合各戲曲奏演的北管樂等民間藝術老藝人傳承不斷〔註 52〕，這文化再生產的時空結構於是可能。Pierre Bourdieu 分析，文化再生產的時空結構是文化場域和一般社會場域實際運作的一般條件，因此，文化場域和一般社會場域的實際運作，和其時間結構相伴隨的是它們運作中的空間結構。文化場域和社會場域的時空結構，既是兩種場域運作的基本條件，又是它們運作中的基本生命力的展示過程〔註 53〕。是以宜蘭民間戲曲的文化場域和本土化意識醒覺的時空結構，使得客觀情勢下已然式微的民間戲曲，在民間戲曲傳統知識化的主觀實踐上，表現了令人印象深刻的行動力。

一、宜蘭「台灣戲劇館」的緣起

　　戰後的台灣國民政府在光復初期及內戰敗退階段向以軍事與政治為先，社會初步穩定後則以經濟開放發展為念，殆至 1977 年行政院宣布「十二項建設」時，始政策性加入了「文化建設」的範疇，而有了藉建制各縣市「文化中心」〔註 54〕以展開文化地方化的政策思維。1990 年 4 月，作為臺灣第一座公立地方戲劇博物館的「宜蘭臺灣戲劇館」誕生，即遠因於上述國家文化政策背景及 1982 年 5 月「文化資產保存法」頒行，予以資源支持「民族及地方特有之藝術」中「足以表現民族及地方特色」如戲曲等之傳統技術及藝能〔註 55〕。時任行政

〔註 51〕楊馥菱：《台灣歌仔戲史》（台中：晨星，2002 年），頁 122～127、128～143。
〔註 52〕參據高淑媛：《宜蘭縣史大事紀》（宜蘭：宜蘭縣政府，2004 年），頁 161～169。
〔註 53〕高宣揚：《布爾迪厄》（台北：生智，2002 年），頁 150。
〔註 54〕「文化中心」為台灣地區各地方政府於 1977 年開始配合中央政策的新增縣市政府一級行政部門。
〔註 55〕參據當年頒布執行的「文化資產保存法」第 3 及 40 條，同法「施行細則」第5 及 61 條之規定內容。

院文化建設委員會主任委員的人類學者陳奇祿，進一步於 1984～1985 年間輔導各縣市建制「文化中心」時，倡導「結合當地文化背景，建立地方特色」〔註56〕，促動了文化地方化的文化政策新典範。值此台灣在地文化重建的風潮中，陳定南於 1984 年 4 月即於「宜蘭縣政府文化中心」政策性著手創建「歌仔戲文物陳列室」，開始了官方定義「宜蘭是台灣歌仔戲發源地」的論述，介入了民俗戲曲傳統的保存，尤其是本地歌仔戲文物的蒐藏與策展〔註57〕，首見了以在地民俗資本為中心的文化本土化行動方案。負責執行此地方文化政策者，即為時任教育局長跨職兼代文化中心主任的徐文雄〔註58〕，其兼職原因在於原轄於教育部門的地方文化事務正逐步移轉到新設的「文化中心」，其社會意義表現為文化事務由從屬邊陲漸成自為體系的會銜安排，此一文化行政組織的轉型與過渡，讓吾等觀察者見證了台灣文化政策開始自成體系的結構性變遷。

二、資源整合與立館策略

　　「宜蘭臺灣戲劇館」籌設的外在動因，在呼應 1984 年 3 月行政院文化建設委員會「縣市文化中心輔導小組」所推動各地方文化特色的資源挹注政策，配合中央文化政策形勢下選定民間戲曲為主軸，獲得該會採納 1985 年 5 月委託戲曲專家林鋒雄教授執行建館規劃〔註59〕，並於 1987 年 6 月審定規劃構想，籌設經費資源分由中央、臺灣省政府教育廳及宜蘭縣政府三方共同編列，歷經 4 年籌備，1990 年 4 月以「台灣戲劇節」為名策演了下旬一系列本地歌仔、名苦旦廖瓊枝指導之薪傳歌仔戲、新加坡薌劇團、明華園歌劇團及傀儡戲、布袋戲等偶劇節目慶祝開館，象徵薪傳，開館首日按民俗請來新福軒傀儡劇團進行祭煞法式，為戲劇館驅煞靖安。創館初期以歌仔戲與傀儡戲兩劇種為文化資產保存及策展為目標，後因宜蘭縣擁有豐沛的北管戲曲資源，布袋戲累積館藏文本逐漸豐富，1992 年擴充展示空間增納該二劇種為策展範疇；惟明確研訂了博物館的機能途徑為：以復健發展歌仔戲為主，兼及傀儡

〔註56〕楊俐芳：《劇場經營管理》（台北：文化大學出版社，2003 年）。

〔註57〕陳定南時任宜蘭第 9 屆宜蘭縣長，參據高淑媛：《宜蘭縣史大事記》（宜蘭：宜蘭縣政府，2004 年），頁 354。

〔註58〕陳定南時任宜蘭第 9 屆宜蘭縣長，參據高淑媛：《宜蘭縣史大事記》（宜蘭：宜蘭縣政府，2004 年），頁 354。

〔註59〕參據林峰雄：〈台灣戲劇館的規劃旨趣及其機能〉收於《台灣戲劇館專輯》（宜蘭：宜蘭縣立文化中心，1993 年），頁 9～14。

戲、北管戲曲、布袋戲為輔的民間戲曲文化策略。因此，宜蘭臺灣戲劇館舉凡展示、表演、傳承與教育推廣活動，以及典藏、出版等公部門介入業務，均以此四大劇種為主要範疇〔註60〕。歷年營運維持均仰賴文建會「地方特色館」、「輔導縣市主題展示館之設立及文物館藏充實計畫」、「輔導縣市層級推動文化資產保存維護工作計畫」、「地方文化館」等政策性挹注〔註61〕，資源的極限性也某種程度形成了該館的角色限制。

　　宜蘭臺灣戲劇館如一般博物館具展示、表演、傳承、典藏、研究、出版及教育推廣等多重功能。為增加資源的近用性及戲曲文化再生產的可能性，尚且提供包括：導覽申請、攝錄影申請、戲偶借用申請、戲服借用申請、影片放映、戲曲教學、視聽圖書借閱、出版品販售、館藏圖片使用申請、館藏視聽品使用申請等服務。自1990年開館迄2016年間，於免費入館的情況下，已吸納了一百七十餘萬觀展人次；策展了長短檔期各類地方戲曲特展計90餘檔，進入校園、社區、廟宇及鄉鎮圖書館〔註62〕。較特別的是提供各類戲偶、戲服予教習者借用，作為學習及演出使用，造就了龐大的泛戲劇人口群，提供各地緣、各年齡層及各類社經地位者直接觸及地方傳統戲曲的文化體驗，也喚起並滿足庶民公眾的感情記憶。

三、策展與戲曲文本

　　現今宜蘭在地演出的歌仔戲表演型式，除職業劇團野台式、內台式的商業演出外，在地方立意傳習的維護下尚保存有在地農業社會時期所原創「本地歌仔」的初期風格。戲劇館中關於見證歌仔戲發展歷程的館藏文物有：宜蘭萬春歌劇團及大羅泉歌劇團所遺留，縮影歌仔戲流動演出用以收納戲服、妝扮、道具的戲箱；有「本地歌仔」醜扮歌仔戲時期的葉讚生、陳旺欉、林榮春，改良歌仔戲到電視歌仔戲時期廖瓊枝，及電視歌仔戲全盛時期的楊麗花、葉青、許秀年、司馬玉嬌、黃香蓮、王金櫻、許亞芬、郭春美、石惠君、小咪等各發展階段，具代表性的各大師名角所穿戴過的戲劇服飾、妝扮、道具等各類文物。同時廣泛蒐集有早期歌仔戲劇本及曲調抄本，顛覆傳統觀戲經驗且盛極流傳的歌仔戲黑膠唱片，各表演型式時期的文、武場樂器，及深

〔註60〕參據鄭英珠：〈台灣戲劇館建館志〉收於《台灣戲劇館專輯》（宜蘭：宜蘭縣立文化中心，1993年），頁16～17。

〔註61〕參據〈台灣戲劇館大事紀〉，未出版。

〔註62〕參據〈台灣戲劇館年度統計表〉，未出版。

具復古懷思意像的內台歌仔戲時期的宜蘭各劇院昔時展演文宣海報等豐富文化資產。組合透明片及文物文本為觀覽動線，以「歌仔戲的發展與變遷」、「劇團與演員」、「歌仔戲舞台身段圖說」等系列策展邏輯，或圖示、或實物、或戲曲視聽及扮演體驗等。

　　宜蘭傀儡戲[註63]表演，主要出現在溺斃、死亡車禍、火災及地震受難現場等兇忌祭煞現場，或新廟及廟宇整修開廟門等驅煞時辰，劇目及音樂採用北管戲曲，能搬演完整戲文，兼具宗教性與藝術性。宜蘭傀儡戲團傳承自漳州系統，鮮為人知的傳統宗教表演儀式，公認是最古老的懸絲劇種，自清代傳承至今，宜蘭傀儡戲在漢人入墾時隨漳州移民傳入，與墾居地風土、文化多所融合，加上歷代演師因時改良，較於唐山初傳表演形貌已有變易。台灣宜蘭與福建漳州、閩西兩地傀儡戲或出於同源，今則風格各異。傀儡戲這風格詭異、散發神秘色彩的偶戲與蘭陽早期在地庶民拓殖生活揉融甚深，墾殖過程中的族群鬥爭及武力殺伐，亡命冤魂無數，民間家庭、聚落累積了移台漢民族群客居異地的集體深層焦慮與陰隱忌諱，也使得蘭陽地區傀儡戲發展為大幅偏重以娛神、酬神，禳災、鎮煞、除厄的宗教功能演出為主，形成了宜蘭傀儡戲傳承伴隨道士傳承的民俗景觀[註64]。經長時間田野調查歸納，原紮根宜蘭漢族群村落社會的漳州傀儡戲團式微快速，碩果僅存了福龍軒、新福軒、協福軒三個傳承系統，晚期式微快速，僅新福軒傳人林讚成仍勉以維繫傳統並獲頒1985年傳統戲劇類傀儡戲「民族藝術薪傳獎」[註65]。早期於蘭陽地區均搬演北管戲曲，由於北管西皮派與福祿派盛行於宜蘭，因而深刻影響了本地傀儡戲團音樂與演出型式及戲曲與劇本[註66]。老一輩技藝精湛的藝師都已陸續凋零，而現在新一輩繼承者不以傀儡演出為主要謀生技能，加上師門承襲前提與規範甚多，神秘與略傾沉重肅穆的演出氛圍，年輕後輩承襲意願更低落，宜蘭傀儡戲已面臨後繼無人的困境。在此民間戲曲

〔註63〕傀儡戲是以十餘根絲線操縱人偶各種關節，做出仿似真人動作的傳統技藝，難度極高，技藝頗為珍貴。但傀儡戲在宜蘭地區多有除煞消災等宗教上的神秘色彩，牽涉到甚多道教法術，使得技藝傳承上比其他偶劇種更加謹慎保守，一般民眾也不容易見識到。

〔註64〕許文漢：〈提線木偶的金銀島──福龍軒傀儡劇團〉收於陳進傳主編：《蘭陽民族藝術薪傳錄》上冊（宜蘭：宜蘭縣立文化中心，1994年），頁86～99。

〔註65〕鄭英珠：〈懸絲傀儡的藝術大師──林讚成〉收於陳進傳主編：《蘭陽民族藝術薪傳錄》上冊（宜蘭：宜蘭縣立文化中心，1994年），頁18～37。

〔註66〕陳進傳：《宜蘭縣傳統藝術資源調查報告書》（宜蘭：宜蘭縣立文化中心，1997年），頁21。

及其民俗文化重建的困境下，宜蘭臺灣戲劇館的傀儡戲館藏有：宜蘭新福軒、福龍軒及大陸泉州傀儡及相關文物，難得的也收藏了完整的戲箱與戲齣文本。魁儡戲班表演謀生最重要資財首屬戲箱，傳統上戲箱應備齊「36 身、72 頭、1 龍、一虎、一馬」的傀儡偶，以滿足各腳本搬演需要，但該館所蒐藏之戲箱為傀儡戲流傳到宜蘭後所演變的生、旦、淨、末、丑、動物及腳本特殊人物等傀儡偶；服飾、盔帽及髯口等行頭；稱為「砌末」的轎子、刀槍、馬鞭、拂塵等各式演出的道具等，各團外出演出時戲箱數原為 2 箱，後因行頭及砌末等愈加精細發展，每團演出時戲箱數因而增長為 4 箱〔註67〕，戲箱同時也縮影戲團及主演藝師的演出風格，其戲箱收納之分類、收放層次與位置隨藝師特質及戲齣角色順序而相異，同時也側寫了傀儡戲文化的變遷軌跡。

北管戲曲，宜蘭尚有職業班搬演，歌鄉鎮社區子弟班也有數十團。以廟會鬧熱遶境或喪葬陣頭、擺場等型式持續活動，受地形封閉影響，宜蘭北管迄今仍保有傳統風格，在地集體記憶中緊緊伴隨著歌仔戲〔註68〕。宜蘭臺灣戲劇館有關北管戲曲館藏有：台南鹽水正樂軒子弟戲和頭城集興堂整班文物，以及宜蘭總蘭社、頭城統蘭社、羅東福蘭社、員山頭份結蘭社、礁溪玉蘭社、頭城下埔協蘭社、二結仔暨集堂等子弟班文物，北管戲曲在宜蘭的傳佈發展早於歌仔戲，可以說是早期漢移民社會婚、喪、喜、慶及生活娛樂的主要慰藉，所傳留的班社服飾行頭、道具及戲箱等普遍雕工、繡工精美，展現戲曲遺韻之美同時也見證伴隨戲曲因緣而精細發展的樂器製作、木工、縫紉、彩繡、圖繪等民間工藝。

〔註67〕 參據鄭英珠：《台灣戲劇館專輯》（宜蘭：宜蘭縣立文化中心，1993 年），頁66～92。及吳成瑤、鄭英珠：〈宜蘭魁儡戲調查報告〉收於林峰雄：《宜蘭縣立文化中心台灣戲劇中心研究規劃報告》（台北：行政院文建會，1988 年），頁851～852 及873。

〔註68〕 以成立於1988 年的宜蘭「漢陽歌劇團」為例，為爭取演出機會及所地，開展了「日演北管，夜演歌仔戲」得跨界演出模式，也闖出了有別於傳統北管樂團的知名度。1989 年獲省邀請，參加「春季藝術活動」巡迴，於國家戲劇院演出本地歌仔《山伯英台》；1991 年獲文建會之邀，參加「宜蘭歌、北管曲、台北城」活動，「劇場與民間藝術資源結合計畫」中，在宜蘭演出《噶瑪蘭歌劇》；1992 年與「劇場與民間藝術資源結合計劃」合作歌仔戲及北管戲型態展現新劇《走路戲館》，於宜蘭鄉鎮巡迴，並參加當年國家文藝季巡迴；1983 年台灣區地方戲劇比賽，演出北管戲《藥茶計》，獲最佳旦角、最佳丑角獎項，下鄉巡迴；1997 國家音樂廳邀與「蘭陽戲劇團」演出《西秦王爺與田都元帥有約》北管音樂會；2000 年底傳統藝術中心籌備處「好戲連連來」系列演出《包公會國母》。深刻影響地方戲曲記憶。

布袋戲部分，宜蘭地區民間戲班普遍搬演金光布袋戲〔註 69〕；學校社團則傳承傳統布袋戲〔註 70〕。宜蘭臺灣戲劇館布袋戲典藏有：大陸漳州系、泉州系、台灣的傳統木偶、賽璐珞材質與金光戲偶等類。其中不乏木偶雕刻名家作品，如江加走、徐竹初、許協榮、徐柄垣、邱文福、何禹田、李宜穆、葉泰鷹等〔註71〕。

第三節　創設「縣立蘭陽戲劇團」

　　素以歌仔戲原鄉自詡的宜蘭，游錫堃的執政構圖與地方論述已從 1989 年的初任摸索，進入到中期 1992 年的逐漸明朗，其仰賴的執政治囊「仰山文教基金會」、文化、教育及傳播界的各方顧問，已展開宜蘭地方民俗文化資本的盤點及復振為施政亮點之評估，由本地歌仔小戲而改良苗壯為大戲並風靡台灣的歌仔戲，自是在地民俗資產所不容或失的寶貴民間藝術體系。但生活型態的改變，農業經濟、農村社會的質變解構難返，卻使得民間傳統戲曲的社會支撐不再，如何實質架構不虞市場並與當代聲光娛樂消費悖反的重建體系，政治介入民間戲曲展演組織的選項，其或有失文化資源的公共性及民間文化的主體性，確也成為宜蘭地方歌仔戲文化政策實踐方案的主要選項。

一、公設劇團的緣起與組成

　　1991 年間宜蘭籍戲劇學者邱坤良，藉任教之國立藝術學院爭取了行政院文建會「劇場與民間藝術結合計畫」，嚐試於宜蘭在地設工作室，吸收戲劇人才推出實驗性小劇場，規畫引進當代劇場理念與地方戲劇產生新互動，藉以激發觀眾及地方戲劇活力。開始調查地方戲劇資源，以地方戲劇研習營方式

〔註69〕1990 年代的臺灣社會，正從農業社會轉型到工業社會，傳統娛樂無法滿足觀眾感官需求，傳統布袋戲也如其它民間戲曲一般，面臨傳續壓力。部分布袋戲演出藝師們選擇了迎合市場脈動自創富聲光劇本或武俠小說演出戲碼，應運產生了台灣布袋戲「金光戲」與「劍俠戲」兩戲路風格。尤以金光戲打破傳統，迎合社會趨勢與感官，具代表性的如：「新世界掌中劇團」的陳俊然，「寶五洲」的鄭一雄，及「真五洲」的黃俊雄等。

〔註70〕台灣傳統布袋戲發源於泉州，初傳以南管音樂為後場。南管樂主樂器包括：拍板、洞簫、二弦、三弦、笛及月琴，音韻柔合，以文戲為主。迄光緒年間，南管戲逐漸為北管唱腔、樂隊、伴奏所取代，傳統布袋戲節奏因而變得明快。

〔註71〕分別參考宜蘭縣文化局前局長呂春山、台灣戲劇館資深管理員鄭英珠等深度訪談。

嘗試以整合新、舊劇場元素為營隊習作策略，終於完成了名為「噶瑪蘭歌劇」的創作與專案成果演出。邱氏所引進之短期劇場計畫結束後，地方熱衷戲劇文化推廣者紛紛獻策期盼延續戲劇激素與動能，初期嘗有建議成立現代默劇團，惟經鄉籍學者林茂賢提醒公設地方劇團有其代表性，應宜考慮在地文化條件及用以對外展現在地民俗文化特質，終於歸結了宜蘭乃歌仔戲原鄉的認知，形成了宜蘭縣政府文化中心〔註72〕初步釐清了以邱坤良所主持「劇場與民間藝術結合計畫」專案所彙訓小劇場部分人才為基礎，展開創設縣立蘭陽戲劇團的先期評估規劃階段〔註73〕。

　　惟對於以地方國家力量及資源介入籌組常設化的公立歌仔戲團，引起了部分學者專家疑慮此一戲曲文化政策之效應，恐將損及在地民間歌仔劇團已日趨低靡的廟會演出「戲路」，相對競逐或剝奪了承載歌仔文化的民間劇團僅有生機，本即稀薄的文化公帑匯注公團，形成資源壟斷不公及排擠地方其他藝文範疇的失衡效應，甚且新創劇團維持成本高昂、文武場藝師養成不易，遂而有主張吸納民間現成之「漢陽歌劇團」〔註74〕改隸縣府之議，以簡便解決人才、師資及立即投入演出之需求。惟文化學者林茂賢對此議針貶指出，民間劇團向來欠缺專業人才培育且表演上普遍有劇情荒謬、結構鬆散、思想封建、節奏拖沓等瓶頸，將使歌仔戲無法符合社會潮流〔註75〕，因此提議應斷然以創新團、召新人、建新制度風格等為立團策略。創團之議，最終落實為整編現成蘭陽國樂團職司後場伴奏並公開新募儲備演員，至此「蘭陽戲劇團」正式於1992年教師節按民間戲班儀禮，入奉西秦王爺及田都元帥兩尊戲劇祖師爺並行開光點眼、祭拜宜蘭歌仔戲先輩等科儀後正式開團。組成之十七名主要演員，分別來自民間戲班藝師之後代子女及宜蘭高商歌仔戲社團畢業生，以劇團子弟倫理分向前場及後場師傅行拜師禮後完成正

〔註72〕為當今宜蘭縣政府文化局之前身。

〔註73〕陳廣堯：《文化・宜蘭・游錫堃》（台北：遠流，1998年），頁76～111。

〔註74〕為獲頒國家民族藝術薪傳獎的北管藝師莊進才於1988年成立的北管戲曲職業劇團，原名「蘭陽」立案未准，後以代表「漢人」、「蘭陽」的「漢陽」為名。曾是在地最具票房人氣的職業歌仔戲團，以「日演北管，夜演歌仔戲」迎合市場維持高演出場次，更是取代「新美園北管劇團」，成為台灣北管戲曲最後一個亂彈戲職業劇團。1991年也參與「劇場與民間藝術資源結合計畫」中《噶瑪蘭歌劇》的演出。2008年經行政院文建會指定為「重要傳統藝術——北管戲曲類」保存團體。

〔註75〕參考靜宜大學台灣民俗研究中心網站，〈台灣戲曲篇〉。

式入行戲俗〔註76〕。

當時受聘為師資者，計有國家薪傳獎得主陳旺欉，傳授本地歌仔絕藝，廖瓊枝傳授拿手戲《陳三五娘》，呂仁愛受邀教導北管戲曲及扮仙戲，後場名樂師莊進才負責指導後場，林松輝任「戲先生」職司教戲、講戲，教師群中尚有王春美、李阿質、孫麗翠、張月娥、劉玉鶯及劉新容等，開始傳習本地歌仔、改良歌仔戲、和北管亂彈戲等〔註77〕。「蘭陽戲劇團」行政組織的團長一職則由縣長游錫堃兼任，作作總監由文化中心主任林德福兼任、藝術總監由林茂賢兼任、行政總監陳文漢、舞台總監游源鏗、音樂指導莊進才、文場領奏陳金環、武場領奏朱作民等。正式首演在創團8個月的師徒緊密教習中，回歸到員山鄉頭份村象徵「歌仔助」搭設「歌仔寮」傳佈「本地歌仔」舊地「樹王公旁」的「讚化宮」，遵照傳統戲俗先行了淨台儀式，接著演出扮仙戲「蟠討會」及本地歌仔「山伯英台」，翌日於文化中心草坪野台演出本地歌仔「陳三五娘」〔註78〕，揭開了宜蘭文化立縣大旗下延續地方戲曲原生命脈的艱鉅續幕，也烙印了在地的民俗過程。

二、蘭陽戲劇團表演型式與發展分期

宜蘭縣政府蘭陽戲劇團，首創了台灣由地方政府常設民間戲曲演出團體的先例，在游錫堃主導以民俗過程逐步實踐「文化立縣」的政治原則下，擴大歌仔戲文化政策的社會效應及在地民俗文化象徵之指標性，自是重中之重。劇團在藉由游錫堃個人政治聲望及地方文化行政機器初步整合了民俗學界、歌仔戲和北管戲藝能界後，孕育了無例可援的縣立劇團也揭開了抗逆傳統民間戲曲急速式微無以攀依承載的客觀勢潮。筆者以表演型式中指標性變遷現象，試以1993年草創時的本地歌仔「傳統復建期」；到1994年逐步迎向改良內台戲的演出的「嚐試蛻變期」；再到2001年迎入鄉土文學名家黃春明所大膽跨界展開的「創新期」；進入2006年正式借用京劇學院派治理者的「成熟高原期」；及迄今宜蘭價值符碼化的「勉力維持期」，作為此一公立劇團傳承民間戲曲變遷的歷時性觀察。

〔註76〕許文漢、羅沛綖：〈一步一腳印——蘭陽戲劇團大事紀〉收於《蘭陽戲劇團》（宜蘭：蘭陽戲劇團，2006年），頁42及44。
〔註77〕《蘭陽戲劇團首演簡介》（宜蘭：蘭陽戲劇團，2006年），頁1、3～5。
〔註78〕田秋堇：〈宜蘭經驗——陳定南從政傳奇〉發表於《新台灣新聞週刊》556期，2016，頁42、44及《蘭陽戲劇團首演簡介》（宜蘭：蘭陽戲劇團，2006年），頁8、17～19。

　　序幕啟自 1992 年草創時的「傳統復建期」〔註79〕。因緣於旗幟鮮明創團時「不離傳統」、搶救傳統的意識框架，本時期該團緊密掌握了宜蘭「本地歌仔」老藝師陳旺欉及經歷「本地歌仔」、改良歌仔戲、廣播歌仔戲甚至主演過台灣首部電視歌仔戲的「第一苦旦」廖瓊枝，以及出身羅東福祿社的北管名家莊進才等指標性傳統民俗戲曲大師的使命投注，以「落地掃」〔註80〕及老歌仔〔註81〕等為表演型式，搬演陳旺欉指導的醜扮本地歌仔〈山伯英台〉、廖瓊枝指導之老歌仔戲〈陳三五娘〉並兼襲承莊進才所指導的北管扮仙戲〈蟠桃會〉、〈大醉八仙〉及北管暝尾戲「過秦嶺」、「燒窯」，此階段以重現宜蘭地區復古之歌仔集體記憶為主、北管戲為輔〔註82〕。1994 年進入了「嚐試蛻變期」，開始引進由陳永明改編自大陸劇作家邵江海創作之〈謝啟娶某〉名為〈錯配姻緣〉，以精緻化之內台形式請來首任專任導演石文戶，原名石啟明，青少年階段習京劇擅唱外江及老生戲，後入南管高甲劇團表演、廣播電台說書，歌仔戲劇作家和導演，妻女皆為歌仔戲演員，劇團盼藉其融合各大劇種經驗統籌演出、舞台、燈光及後場音樂〔註83〕。石氏其後陸續推出創新自編歌仔

〔註79〕筆者試以劇團發展之階段特質，畫分其發展分期為：草創摸索期、嚐試蛻變期、創新期、成熟高原期四階段。
〔註80〕約產生於日治時期 1900 年代前後宜蘭社會特有的隨機演出形式，也是歌仔戲最早的表演形式。通常隨廟會陣頭及香陣遊行至廟埕、樹下或街頭即興的非舞台表演，演出者全為男性業餘子弟，未著戲服，主要角色上場時手持摺扇拉開序幕，小生、小旦出場莊重，背行出場先理行裝、髻儀後轉身亮相並舉步踩踏演出空間四周稱「行四大角」，小生行「七星步」，小旦走「月眉彎」。曲調、妝扮、身段簡單，《山伯英台》、《陳三五娘》等為最普遍演出劇目，口白土俗與時事臨場機鋒兼具，俚趣幾無尺度，自然融入宜蘭風土民情，對答相褒帶韻腳與觀眾貼面互動情緒熱絡。
〔註81〕台灣宜蘭地區稱早期的歌仔表演內容為「本地歌仔」，屬本土漢文劇種，又稱「老歌仔」、「傳統歌仔」、「舊卷歌仔」。「老歌仔」表演內容部分吸收了四平戲、客家採茶戲、高甲戲、亂彈戲的表演形式，模仿其身段、服裝，逐漸形成完整的表演形式。
〔註82〕許文漢、羅沛緹：〈一步一腳印——蘭陽戲劇團大事紀〉收於《蘭陽戲劇團》（宜蘭：蘭陽戲劇團，2006 年），頁 42 及 44。及《蘭陽戲劇團首演簡介》（宜蘭：蘭陽戲劇團，2006 年）。及曹頤和：〈從荒蕪變成新綠——「蘭陽戲劇團」〉收於林鋒雄、鄭英珠、陳健銘等著：《87 年度台灣文化節「戲弄宜蘭」成果專輯》（宜蘭：宜蘭縣立文化中心，2000 年），頁 103～110。
〔註83〕許文漢、羅沛緹：〈一步一腳印——蘭陽戲劇團大事紀〉收於《蘭陽戲劇團》（宜蘭：蘭陽戲劇團，2006 年），頁 42 及 44。及《蘭陽戲劇團首演簡介》（宜蘭：蘭陽戲劇團，2006 年）。及曹頤和：〈從荒蕪變成新綠——「蘭陽戲劇團」〉收於林鋒雄、鄭英珠、陳健銘等著：《87 年度台灣文化節「戲弄宜蘭」成果專

戲獨幕劇 1994 年的〈審乞食〉、1995 年的〈打城隍〉、1996 年的〈連昇三級〉、〈扈家莊〉、1997 年的〈回窯笑傳〉、1998 年的〈樊江關〉、2001 年的〈吉人天相〉等多部大型舞台歌仔戲，並且取得民視錄製電視播出的機會〔註 84〕，是尋求蛻變的主要階段。

2001 年進入了「創新期」，劇團邀來了高知名度且具鄉土文學創作熱力的黃春明，擔任第 2 任導演兼首任藝術總監。黃春明同年發表了首部歌仔戲劇本《杜子春》，2002 指導劇團演出；2002 年則跨劇種改編《愛吃糖的皇帝》兒童劇本為歌仔戲劇本，2003 年指導劇團演出；2003 年下半年又另編導歌仔戲《新白蛇傳 I──恩情、愛情》演出；2005 年續編《新白蛇傳 II──人情、世情》歌仔戲劇本並演出〔註 85〕。在黃春明以其聲望及創新劇本主導下，蘭陽戲劇團融合了現代劇場、舞台、音樂及扮相、身段演出，屢創議題形成媒體版面，也擴大吸引了青、壯年齡層及在地知識菁英觀眾的觀劇率。

2006 年蘭陽戲劇團進入了「成熟高原期」，請來了復興劇藝實驗學校（現國立台灣戲曲學院京劇學系）京劇科第一期科班出身的京劇演員曹復永兼任第三任導演，原名曹永生，為當時台灣戲曲學院附設京劇團團長，兼歌仔戲學系副教授，依京劇傳統「復」字排輩工小生。曹復永主導後，約以平均每年一部的進度推出《狸貓換太子》、《紅絲錯》、《兵學亞聖》等劇碼，融入其紮實的京劇基本功背景，京劇演出經驗及其他歌仔戲如《圓渡》、《孝子願》、《新寶蓮燈》、《情牽萬里樊江關》、《桃花搭渡》等劇目導演經驗，將蘭陽戲劇團帶到了相對穩健成熟的階段。

2010 年電影導演鄭文堂接任了宜蘭縣文化局長兼任蘭陽戲劇團長（組織上歷屆團長均由文化局長兼任），以其人脈網羅了國立藝術學院戲劇系畢業的陳慕義擔任蘭陽戲劇團 2011 年新編歌仔戲《小國哀歌》導演。陳慕義為現代戲劇工作者，2004 年以描述小人物生活的現代黑色喜劇電影《黑狗來了》的主角入圍第 40 屆金馬獎最佳男配角獎，2006 年以公視現代人生劇展《快樂的出航》奪得金鐘獎迷你劇集最佳男主角。陳慕義以現代戲劇概念，耗費鉅資

輯》（宜蘭：宜蘭縣立文化中心，2000 年），頁 103～110。

〔註 84〕曹頤和：〈從荒蕪變成新綠──「蘭陽戲劇團」〉收於林鋒雄、鄭英珠、陳健銘等著：《87 年度台灣文化節「戲弄宜蘭」成果專輯》（宜蘭：宜蘭縣立文化中心，2000 年），頁 103～110。及國立台灣戲曲學院歌仔戲學系及其改制前國立台灣戲曲專科學校歌仔戲科師資介紹。

〔註 85〕許文漢、羅沛緹：〈一步一腳印──蘭陽戲劇團大事紀〉收於《蘭陽戲劇團》（宜蘭：蘭陽戲劇團，2006 年），頁 42 及 45～48。

引入三層式立體舞台顛覆傳統歌仔戲演出空間形式，富具實驗精神，可惜劇評負面。筆者親臨聆賞全劇，發現舞台縱深雖創意，卻反限制了演員身段作工、對戲互動，也造成了與觀眾間距離感與隔閡；另導演陳慕義堅持演員採小型舞台劇式發聲，限制全部演員均不使用麥克風之決定，也明顯挫損了歌仔戲文化累積的口白、吟唱相間貫串戲軸的庶民特質，說詞清晰、調吟優美的深透效果失卻，劇情氛圍無以貫穿，受到了頗多的挑戰及批評。

2012 年為蘭陽戲劇團創團 20 周年團慶，除了拜請戲神與邀來創團縣長游錫堃與現任縣長一起大團拜外，劇團以演出本地歌仔「入王婆店」及由陳永明改編自大陸劇作家邵江海創作之〈謝啟娶某〉名為〈錯配姻緣〉的 1994 年經典代表作，呈現了地方戲曲及公立歌仔戲團 20 年重建民間戲曲文化後無力推陳出新的結構性困境。2013 年，擅長行銷及媒體效應的林秋芳任文化局長兼任蘭陽戲劇團長，以其靈活手腕選擇部分討好劇碼橋段改編，引入同為宜蘭縣政府設立的蘭陽博物館駐館常態演出，藉以襄助靜態觀展的博物館人氣，兩公設文化機構相輔互成。2014 年又包羅以「宜蘭傳統戲曲節」為號，以傳統跨界為戲節主題，囊括了《王魁負桂英》、《風神寶寶之火焰山》、《狄龍收玉面虎》、《欽差大大大人》等四檔戲碼，結合民間戲劇團體及歌仔戲發源之宜蘭縣員山鄉結頭份社區聯合演出。2015 年，地方政府文化部門如同 20 年前初始文化政策，再次吹起號召歌仔新秀計畫的號角，以「精雕細琢‧青春登台」為題的動人募才方案，訴求血輪新秀入行，期盼用力留駐傳統地方民間戲曲之美！

三、以公設劇團復健民間戲曲文化的盲點與困境

蘭陽戲劇團運作 25 年來的困境，包括：預算不足，淪為議員預算審議之交換籌碼，難以運作；欠缺專職、專業戲劇藝術管理人才，營運管理能量無以累積；劇團發展隨地方政權更替，關注度不同，亦常被期待為政治服務；歌仔戲劇本欠缺創發來源，品質不穩定亦未呼應當代庶民生活經驗。

尤其在劇團維持經費的經驗上，在創團後年年需面對地方政府年度預算分配及縣議會審議的難以預測，游錫堃終於在創團 4 年後提出〈宜蘭縣蘭陽戲劇團戲曲發展基金管理及運用辦法〉〔註 86〕的縣單行法規，獲得縣議會三

〔註86〕許文漢、羅沛緹：〈一步一腳印——蘭陽戲劇團大事紀〉收於《蘭陽戲劇團》（宜蘭：蘭陽戲劇團，2006 年），頁 44～46。及林鋒雄、鄭英珠、陳健銘等著：《87 年度台灣文化節「戲弄宜蘭」成果專輯》（宜蘭：宜蘭縣立文化中心，2000 年），頁 103～110。

讀通過的法定授權，自 1997 年起享有可預期的營運發展基金並免受年年預算
程序中縣府單位間的爭食與送審時府會間的政治角力；惟這經費的屏障結
構，於 2003 年復因府會的失衡而解構，重回年年爭取編列但也年年難以確保
的動盪中，縣議會以看守人民荷包的立場制衡，主張多年全額公費培力，劇
團應已成熟理當自力回應表演產業市場脈動，自負部份盈虧責任，至此，劇
團務實回歸當下市場競爭邏輯尋求演出機會，以尋求劇團生存及劇種傳統的
活化延續理當務實，惟因蘭陽劇團立團策略除了「保存傳統」外仍力行「研
究創新」，持續新編戲齣並以「一齣戲，一套音樂、一套服裝、一套舞台設計
和燈光」〔註 87〕的理想但高成本為治理方向，因此每場次演出固定成本動輒
二、三十萬元新台幣，不敵一般生存邊緣的民間職業戲班在廟會演出僅三到
五萬元戲金的價格競爭，與演出市場邀演戲主間難有交集，「戲路」無法打開
商業演出機會相對短少。又因以「一齣戲，一套音樂、一套服裝、一套舞台
設計和燈光」新編戲齣推出內台劇場式自主公演時雖好看精彩，但苦於宜蘭
社會公眾普遍仍滯留於免費觀賞的期待與文化消費層次的闕如，公演場次若
開放免費索票則場場滿座，若酌收低額票價即票房闕闕，地方社會觀戲市場
的結構性支撐難尋。而劇團隸屬有政治屬性且行政程序剛硬繁瑣的地方國
家，藝術組織團隊的決策與治理終難以在演藝專業與市場動態中步步妥適澄
清因應〔註 88〕。

第四節　歌仔戲傳習

　　深入宜蘭歌仔戲研究的林茂賢指出：「本地歌仔視歌仔戲的雛型，是歌仔
戲最原始的表演型式，而陳旺欉則是本地歌仔最後一位『戲先生』」；國立傳
統中心及宜蘭台灣戲劇館因而在「欉仔」生前，急邀其親演示範本地歌仔各
經典戲齣及各角色唱腔身段，燃亮晚年餘暉存留了「『本地歌仔』視聽出版品
等民俗資產，林鋒雄因此指出陳旺欉的努力建立了「本地歌仔」傳統中屬於

〔註87〕許文漢、羅沛緹：〈一步一腳印——蘭陽戲劇團大事紀〉，頁 7。
〔註88〕分別參考宜蘭縣文化局陳曉慈科長、前局長呂春山、台灣戲劇館資深專員鄭
　　　　英珠等深度訪談紀錄；林茂賢發表於靜宜大學台灣民俗研究中心網站，台灣
　　　　戲曲篇；陳賡堯：《文化・宜蘭・游錫堃》（台北：遠流，1998 年）。
　　　　蘭陽戲劇團網站；維基百科網站：蘭陽戲劇團篇、黃春明篇、曹復永篇、陳
　　　　慕義篇等。

「陳旺欉流派」的經典身段。以上兩位熟諳宜蘭本地歌仔發展史大家的結論，更具體而微的歸納了宜蘭民間傳統戲曲頻危難逆的困境〔註 89〕，地方也有了與時流轉或行動介入的傳習經驗。

一、聚落「滾歌仔」傳統的回歸與窮途

　　時間來到本地歌仔式微轉折，難以戲團型式演出的 1981～1986 年間，「宜蘭老歌仔」的傳唱再度回歸了聚落庶民，在局部社群重現了語境流轉後的「滾歌仔」競唱的草根文化景觀。與早期「本地歌仔子弟班」時期由在村年輕子弟組成的特質比較，所不同的是此階段活躍的是共享當年子弟班集體記憶的同質高齡群了，紛紛在各自的廟埕、社區聚合重組了以長壽俱樂部為骨幹的「老人歌仔班」。所搬演的戲文仍是本地歌仔最經典的「山伯英台」、「陳三五娘」、「呂蒙正」、「什細記」等四齣，但表演已側重後場音樂表現，前場演者則僅跟隨樂音「唱」而無「作」，普遍略省了身段、台步及醜扮傳統表現方式，其主因在後場師資仍可勉與打探尋求，以撐展維持文場樂部的歌仔曲謠旋律，惟堪以勝任前場表演師資的「戲先生」等資深本地歌仔藝人卻多已然紛紛殞落，空留戲文與年長者年輕時聽覺記憶，只得回歸早期歌謠的純然演唱而乏正規身段、台步琢磨的機巧與戲劇張力了。

　　此時期「滾歌仔」的風潮普遍復現於 1910～1940 年間曾組成「本地歌仔子弟班」的聚落或受影響之周邊社區，值至 1998 年宜蘭文化中心以「戲弄宜蘭」為策辦「台灣文化節」主題，評估邀各社區「老人歌仔班」參演時概略調查發現普遍都因熱衷「滾歌仔」的老者紛紛逝去，呈現了「團在人不在」的凋零悽涼，各團固定班底人數平均僅餘 4～6 人，愈難以湊足樂部及前、後場同好〔註 90〕。

　　較例外的是，分別位居溪北生活圈中心的宜蘭市中山公園廣場及溪南生活圈中心的羅東鎮中山公園廣場。宜蘭市中山公園目前每日上午仍聚合了各社區湧來「滾歌仔」的老者，圍坐在大樹下奏演著月琴、三弦、大筒弦等文場樂部，與本地歌仔唱演相應，演藝廳一側常設戶外戲場偶有野台歌仔戲演

〔註89〕例如陳進傳：《宜蘭本地歌仔：陳旺欉生命紀實專輯》，是由傳統藝術中心籌備處於西元 1997 年委託陳進傳主持、財團法人仰山文教基金會執行「宜蘭本地歌仔陳旺欉技藝保存計畫」的一部份。

〔註90〕蔡欣茹：〈大家來『滾』歌仔——概述老人歌仔班〉收於林鋒雄、鄭英珠、陳健銘等著：《87 年度台灣文化節「戲弄宜蘭」成果專輯》（宜蘭：宜蘭縣立文化中心，2000 年），頁 67～78。

出。溪南地區的羅東中山公園緊鄰夜市，則約為每日午後便也聚合了成群老者，齊圍涼亭、大樹下露天隨意奏演本地歌仔，輪番絃歌唱謠不暇，以生命經驗承載本地歌仔日常「滾歌仔」票戲文化的僅存少數老者們，回歸著本地歌仔「落地掃」醜扮隨性自娛的民間生活風格與本地歌仔共同搭上無法回頭的生命末班列車。

二、傳統藝師與在地薪傳

宜蘭地域社會在這般的時勢背景下，重建歌仔戲的文化意識及社會行動始於 1986 年，係由地方政府的文化中心與宜蘭縣救國團試辦「宜蘭中小學教師歌仔戲研習會」，策略在藉由在地教育現場的國民教育師資直接觸及歌仔戲傳統，經由對家鄉歌仔發展史、音樂、唱腔、文武場樂器及身段台步等教習演練和成果展示，內化其文化價值及人文理解，使在教育現場轉化為基礎教育體系中傳輸教習的內容，交融滲透為少齡學子的文化經驗，介接地方社會日趨萎衰斷裂的庶民文化臍帶。同年又以類似模式正式開辦「歌仔戲研習營」長達九年，對象擴及大專青年及全台各地社會人士〔註91〕，是宜蘭歌仔戲新階段、非劇團、非子弟傳習模式的濫觴，除聘任具代表性的陳旺欉、廖瓊枝、葉讚生、莊進財等國家「民族藝術薪傳獎」得主及資深歌仔戲藝人親炙外，也跨出了民間劇團傳統師徒行規傳統，邀來了許常惠、邱坤良、林鋒雄、曾永義、陳進傳、李安和、張炫文等戲曲文史學者及在地歌仔民俗專家陳健銘等〔註92〕，從非藝人視角提供系統化的歌仔知識。

1985 年 5 月行政院文建會核定林鋒雄主持規劃「宜蘭台灣戲劇館」的建館規劃，重建宜蘭歌仔戲的文化方針底定，當時仍能搬演宜蘭本地歌仔且同時活躍於商業演出界的職業劇團，僅存在地的北管戲曲職業劇團「漢陽歌劇團」〔註93〕，1988～1989 年間宜蘭縣立文化中心遂協調本地歌仔老藝師陳旺

〔註91〕 參據《宜蘭縣署期歌仔戲研習營專刊》（宜蘭：宜蘭縣立文化中心，1989 年），前言頁。及〈宜蘭縣署期青年自強活動歌仔戲研習營學員名冊〉收於同註，頁 5～6、39～42，及 1986～1988 年間各報報導剪輯共 11 則，頁 43～46。

〔註92〕 參據〈歷年授課講師名錄〉收於莊和雄：《宜蘭縣署期歌仔戲研習營專刊》（宜蘭：宜蘭縣立文化中心，1989 年），頁 3。

〔註93〕 「漢陽歌劇團」前身為宜蘭的「日豐歌劇團」，由知名北管戲藝師購下接手後易名「新蘭陽」行走商業演出界，後為通過縣政府立案審查要求，1988 年再易名「漢陽歌劇團」，今名為「漢陽北管劇團」。參據〈歷年授課講師名錄〉收於莊和雄：《宜蘭縣署期歌仔戲研習營專刊》（宜蘭：宜蘭縣立文化中心，1989 年），頁 3。

檔，投入輔導「戲路」〔註94〕仍豐之在地「漢陽歌劇團」，為「活體承載」〔註95〕，並傳習演出「本地歌仔」的文化復健團體，老藝師陳旺欉配合政策性推廣傳習的結果，獲得了行政院文建會「春季藝術季」全台巡演的機會與佳評，也因而促成一躍登上國家戲劇院表演之榮譽〔註96〕。只可惜，當時並無完整系統性之政策思維，使片段著墨，曇花一現。

　　1990年4月時任縣長游錫堃，藉宜蘭台灣戲劇館開幕邀來文建會主委郭為藩出席剪綵儀式之便，提議協助於在地校園以專案傳承社團的模式建立可累積發展的歌仔戲校園伶人傳習系統，進入當代普遍校園教育形勢以替代傳統戲班「綁戲囝仔」的歌仔演員養成民俗，以維繫快速流失、無所承載的民間歌仔戲曲文化，以民俗技藝社團型式尋求紮根基層校園養成新血。戲曲校園薪傳的提議獲得郭氏積極的支持，其在文建會及調任教育部長期間，運用中央資源協同宜蘭縣政府開始了在省立宜蘭高商及縣立吳沙國中校園內，針對有興趣、有戲曲特質的學子們創立了「宜蘭商職地方戲曲研究社」及「吳沙國中歌仔戲社」的傳習社團，援引本地歌仔師承的師徒制傳統，以拜師學藝的精神邀聘「戲先生」〔註97〕口傳心授傳習戲曲基本功等。

　　宜蘭高級商職在受理到行政院文建會及地方政府的協商作為「宜蘭縣歌仔戲薪傳計畫」重點學校的建議後，很快的在當年9月成立了全台第一個以傳承宜蘭本地歌仔為中心的「宜蘭商職地方戲曲研究社」，邀聘老藝師陳旺欉親授，初期先授與本地歌仔經典戲「呂蒙正」，漸及「什細記」、再次及「山伯英台——樓台會」、「路遙知馬力」、「回陽」、「賞花」、「烈女記」等〔註98〕。1991年亦嘗邀來第一苦旦廖瓊枝及舞蹈家林秀偉短期集訓指導，也曾引來歌

〔註94〕「戲路」，指職業劇團受聘演出的機會與邀演的脈絡因緣，亦即該戲團所享有的社會資本。另「戲路」於在地職業劇團的重要性及「打戲路」的要領，可參看孫惠梅：〈台灣歌仔戲劇團經營管理之研究——以宜蘭縣職業歌仔戲劇團為例〉（台北：中國文化大學藝術研究所碩士論文，1997年），頁72。

〔註95〕「活體承載」之意，此處指本地歌仔仍於社會體中有機展衍的機會與狀態。相對於考古學上出土後普遍無生命的文物，及博物學上僅靜態存置於博物館策展空間且已然失卻承載社會情境之過往文本。

〔註96〕林鋒雄、林茂賢、林鶴宜、鄭英珠等著：《老歌仔的守護神——陳旺欉藝師紀念專輯》（宜蘭：宜蘭縣文化局，2006年），頁25、37。

〔註97〕即戲曲界前筆以師徒行規教習說戲、教戲的指導者。筆者曾任職宜蘭縣政府，並出席宜蘭縣議會相關法規及預算審議會議。

〔註98〕林鋒雄、林茂賢、林鶴宜、鄭英珠等著：《老歌仔的守護神——陳旺欉藝師紀念專輯》（宜蘭：宜蘭縣文化局，2006年），頁24、39。

仔戲名伶楊麗花及葉青前來關注，老藝師陳旺欉親授之期間自 1990 迄 2000 年止，長達 10 年，演出近百場，其後由黃崇健接手。1994 年國家傳統藝術中心前主任柯基良及邱坤良更曾一度偕同評價薪傳成果，並與多方達成初步共識協同推進於教育體制中設立「歌仔戲實驗班」，仿效學制中既有的音樂、美術班等啟動歌仔藝能的全面系統化教學，同時協助「宜蘭商職地方戲曲研究社」畢業成員延伸另立「校友劇團」，惟終未實現〔註 99〕。但該校地方戲曲社養成的傳統戲曲種子，確也同時有 10 餘位投入其後的縣立蘭陽戲劇團、也有進入民間歌仔戲團職業演出，或因此澄清了學習志向而走進戲曲範疇的求學之路。「宜蘭商職地方戲曲研究社」為迎合戲曲文化變遷及激發學生參與的動機，在 2008 年正式易名為「宜蘭高商創意戲曲社」改聘出身於「蘭陽戲劇團」的知名小生其後另創宜蘭「悟遠劇坊」簡育琳及編劇兼旦角林紋守續掌「戲先生」的傳習角色，此一階段的台灣社會倡導創新、創意，簡育琳等遂在傳統歌仔戲中加入當代元素與議題，甚至如日治時代的「胡撇仔戲」〔註 100〕穿時裝、講國語甚至加入英語對白與流行語，表現為後現代去中心化的多元表演詮釋型式。

　　墾首吳沙率眾入墾宜蘭舊居旁的礁溪鄉「吳沙國中」，在游錫堃以復振本土民俗以實現「文化立縣」的行動藍圖中始終擔當一定角色，從吳沙文史調查到吳沙 260 歲誕辰祭典，再到歌仔戲傳統延續的校園化。在前述 1990 年開始的「宜蘭縣歌仔戲薪傳計畫」與宜蘭高商同時被指定為歌仔戲薪傳的重點學校，同年 9 月即成立了「吳沙國中歌仔戲研習社」。惟該社與「宜蘭商職地方戲曲研究社」所不同的是，此案初始即引發了台灣知名現代舞臺歌仔戲團隊「明華園」總團長陳勝福合作協力養成後進的興趣，明華園主動提案承諾地方政府由該團負責研習社師資等合作事項，後由陳勝福、陳妻名小生孫翠

〔註 99〕蔡欣茹：〈老歌仔的年輕容顏──「宜蘭商職地方戲曲研究社」〉收於林鋒雄、鄭英珠、陳健銘等著：《87 年度台灣文化節「戲弄宜蘭」成果專輯》（宜蘭：宜蘭縣立文化中心，2000 年），頁 87～94。另參據該單元中黃文亮所彙錄〈宜蘭商職地方戲曲研究社」大事記〉。

〔註 100〕「胡撇仔戲」一詞，在描述日治在台實施皇民化政策時期以鄙俗淫穢為由禁絕傳統歌仔戲演出，民間社會以改穿和服或時裝串演歌仔戲碼夾雜殖民政府政令議題敷衍糾察的演出型式。民間劇界以此拼湊雜匯，不按腳本、妝扮及台步、身段的胡亂演劇，不符傳統歌仔戲表演型式，因此以「胡撇仔戲」之稱相對區別與傳統歌仔戲的差異。不過台灣戰後「胡撇仔戲」現象並未因殖民政治的解放而退散，究其緣由在商業演出界講究出奇創意與通俗欣賞。

鳳、劉光桐出任指導〔註101〕，因此吳沙國中歌仔戲研習社初始草創時期並沒有設定以宜蘭本地歌仔為傳習範圍。開始由導師推薦經戲先生選拔該校84位一、二年級男女學生，運用每週六傳習基本功，寒假密集技藝訓練後選拔 17名較傑出者北上進入明華園集訓，成效快速的在 18 個月後的 1992 年 2 月即在宜蘭運動公園公演「鐵膽柔情雁南飛」的現代歌仔戲，激發了眾多學生投入歌仔戲社意願，家長看重明華園知名度及後續發展的可能性率都支持〔註102〕。惟公演後，明華園躊躇於旗下各團商業演出檔期密集，長達一年半空檔藉社團老師影片教學而頓挫難以為繼。1993 年 3 月在地方教育局介入協助下，終於聘得以陳旺欉老藝師為首，包括資深藝師高天養、李林桂芳、楊旺清、林永德、王春來為師傳授劇藝，蘭陽戲劇團劉新容等成員後期亦協力參與，著重基本功、毯子功、基本唱腔、基本身段及後場樂師培訓〔註103〕。「吳沙國中歌仔戲研習社」在明華園藝師無法繼續擔任教席的轉折下，對該校學生投入的影響顯示在 1900 年創社選得 84 位學生入社，1901 年尚有 62 位學生入社；1902 年降為 42 位入社，1994 年 34 位入社，1995 年 23 位入社，1996 年 20位學生入社〔註104〕。惟該社創立 20 餘年，1991 年計有 18 位直升宜蘭高商歌仔戲才藝班就讀，並進入地方戲曲社晉階歌仔戲養成，1993 年 13 位，1994年 3 位，1996 年 3 位等〔註105〕，也曾經為傳統曲藝新血傳承的一方活水脈絡貢獻了一抹陽光。1995 年該校以完整薪傳為由獲資源另組「民俗樂團」由蘭陽戲劇團樂師傳習文、武場樂部。

三、以「台灣戲劇館」建構另類「綁戲団仔」傳習模式

　　「綁戲団仔」，是歌仔戲班吸納培養演員的一種類似「童養伶人」的戲團風俗，歌仔演員在早期社會地位及收入不佳，招募新血不易，劇團於是以極微薄的金錢代價付與貧苦父母換取收養兒童，自幼隨團充任童工及見習演

〔註101〕參據《宜蘭縣立吳沙國中 83 學年度薪傳計畫——歌仔戲暨民俗樂團執行成果報告》（宜蘭：縣立吳沙國中，1995 年），未出版。

〔註102〕參據藍素婧：〈「吳沙國中歌仔戲研習社」大事記〉收於林鋒雄、鄭英珠、陳健銘等著：《87 年度台灣文化節「戲弄宜蘭」成果專輯》（宜蘭：宜蘭縣立文化中心，2000 年），頁 85～86。

〔註103〕參據田秋堇：〈「台灣環保聯盟宜蘭縣分會」成立聲明〉，發表於《噶瑪蘭雜誌》1987 年 11 月。田為該團體發起人及首任會長。

〔註104〕參據高淑媛：《宜蘭縣史大事記》（宜蘭：宜蘭縣政府，2004 年），頁 364。

〔註105〕參據高淑媛：《宜蘭縣史大事記》（宜蘭：宜蘭縣政府，2004 年），頁 364。

員，故有俗諺：「父母無聲勢，送囝去做戲」的流行，諷刺或描述無才情的父母賤賣子女淪為「作戲仔」的基層社會苦象。宜蘭歌仔戲初衍時期，劇團成員及組成模式普遍從農村青年男子拜師入所屬農村聚落「本地歌仔子弟班」學戲兼以業餘非商業演出的子弟成班的型態，惟隨著歌仔戲茁壯為大敘劇種後，演出型式進展到內、外台歌仔戲職業團商業演出的競爭型態，為確保演員來源與師傅，各職業劇團童伶來源除來自團主及現役演員之子女外，普遍依賴「綁戲囝仔」以簡單對價條件約諾入團。身為「綁戲囝仔」的童伶隨團成長、差遣勞動、練工習戲，身世普遍坎坷磨難，境遇隨人，自幼亦師亦父母的跟隨師父磨練完整的唱、念、作、打等基本功，方得以在戲班劇齣中熬爭得正式角色與立足之席，歌仔戲「台灣第一苦旦」廖瓊枝等即是台灣社會最末一代「綁戲囝仔」的知名代表，其表示「綁戲囝仔」的師徒制訓練方式與磨練內容，除了音樂聲腔上的差異之外，多與京劇訓練相仿，要能「出師」、「出班」順利登台扮演的訓練期程，至快都要歷時 3 年 4 個月才能修成正式演出的基本火候。

　　2001 年，台灣戲劇館亦投入推廣歌仔戲研習行列，開始試辦「歌仔戲研習班」、「戲劇種子教師研習會」、「成人歌仔戲班」、「青少年歌仔戲班」、「戲曲音樂班──文場」、「戲曲音樂班──武場」等培植演出人力系列紮根作為。其中「成人歌仔戲班」、「青少年歌仔戲班」、「戲曲音樂班」由陳旺欉率職業班弟子林羅麗珠及其一手復創的「壯三新涼樂團」嫡傳弟子鄭英珠、藍素婧及蔡欣茹等為師資〔註106〕。2002 年末並晉階甄選「戲劇教學員」，招訓具備歌仔戲演出根底且具互動教學特質成員，於台灣戲劇館展開帶狀「周末劇場」臨場演訓，由教學員於每月雙周六下午，表演歌仔戲短戲及示範唱腔教學，累積演員現場「落地掃」式的演出與互動經驗。也藉此網羅維繫歌仔戲演出愛好者，整合前揭既有之各班系，正名為「台灣戲劇館歌仔戲傳習班」。自此訓、演合一，形成類似民間傳統劇團以子弟團師門情誼為基礎之初級情感團體，新訓劇團整合編組趨完整，角色人力漸豐，劇本選擇及改編益具主體性、實驗性，「台灣戲劇館歌仔戲傳習班」劇團演出漸逐自形成類流派風格之差異特質〔註107〕。演出劇碼及場次頻率，在校園、社區、廟宇等巡迴公演中，直

〔註106〕林鋒雄、林茂賢、林鶴宜、鄭英珠等著：《老歌仔的守護神──陳旺欉藝師紀念專輯》（宜蘭：宜蘭縣文化局，2006 年），頁 42。
〔註107〕戲碼選擇及改編、口白音腔語詞、曲版、扮相等，皆逐漸與蘭陽戲劇團或職業團產生差異；參據鄭英珠深度訪談紀錄。

追職業劇團之規模，影響深遠。

　　2006～2007 年間在台灣戲劇館鄭英珠努力下，繼續取得行政院文建會〈宜蘭老歌仔傳習保存計畫〉，包含前、後場共分 3 梯次，計 8 班 168 位廣及中、小學生及社會人士為種子學員，聘來林鋒雄、藍素婧、鄭英珠為歌仔戲文史及前場師資，後場樂部則邀來復興劇校傳統音樂背景的年輕樂師擔綱。以本地歌仔「入王婆店」、「樓台會之相見」、「安童試十二道菜」、「打七響」、「桃花過渡」、「賞花」等劇齣為傳習單元及實驗演出劇目，巡迴學校、社區等在地社會之演出高達 36 場次〔註 108〕，勉力穿透時空隔閡持續投放傳統戲曲因子。

四、社區劇團的發掘與培力

　　在激勵地方戲曲團體新生或再生的重建行動上，宜蘭縣政府在 1987 至 1989 年間以引進現代劇場觀念，協助了在地「建龍歌劇團」揉合傳統與現代，強化歌仔戲演出品質。迄至 1995 年宜蘭縣立文化中心，碩果僅存的薪傳獎得主老歌仔國寶陳旺欉老藝師，感慨最具宜蘭本地味的「老歌仔」師傳無繼，更無團以本地味的「老歌仔」為傳承復甦使命，遂協力由公部門招收了 14 位來自各行各業、平均 28 歲的團員，組成了「查某囡仔班」傳習在地老歌仔，拜陳旺欉老藝師為師，利用夜閒於三勝宮廟埕學習本地歌仔，後稱「壯三新涼樂團」〔註 109〕；屬業餘、子弟社團。成立後曾參與國立傳藝中心及宜蘭縣府的「本地歌仔」調查錄製計畫，亦經常應邀演出或定時演出，「壯三新涼樂團」已成為台灣唯一本地歌仔子弟戲班〔註 110〕。經由此一重建努力，再現了台灣唯一本地歌仔子弟戲班，也證成了宜蘭為歌仔戲生成原鄉的符號宣稱。

〔註 108〕林峰雄、鄭英珠、藍素娟：《老歌仔的容顏》（宜蘭：宜蘭縣政府文化局，2006年），頁 136～172。

〔註 109〕「壯三」指今宜蘭市東村社區，「本地歌仔」技藝紮根六十餘年頭。緣於 1937年綽號老婆琳的「員山老歌仔仙」黃茂琳至壯三訪友，村人力邀教授成「壯三班」，後改組轉型演改良戲更名「壯三涼樂團」。薪傳獎得主葉讚生、林爐香、陳旺欉等皆出此團。後期嘗以改良劇團組織、前後場、演出型態，隨勢入內台演出，活躍宜蘭、南方澳、九份各地。1953 年，人力、財力不敵蓬勃專業內台戲班，終以主要旦角陳旺欉染患眼疾無法登台為由而宣告散班。1995以「壯三『新』涼樂團」名立案，意在承傳。

〔註 110〕參考陳進傳《宜蘭本地歌仔：陳旺欉生命紀實專輯》，宜蘭，國立傳統藝術中心，2000。

第五節　宜蘭文化政策對歌仔戲傳統的影響評估

一、後驗的漸進歸納轉化為先驗的地方符號論述

　　歸納所析，作為地方政務決策單位的宜蘭縣政府，其文化政策方略，實非建立在先驗性的人文理念，或立基於完整文化資產調查評估基礎上的充分理性決策〔註111〕模式。決策者的決策信念係在當時行政院及台灣省政府等上位機關的政策牽引中，漸進的在當時的社會語境中形成，微量漸趨的、探測社會氛圍以為調整形塑的漸進理性決策（incremental model）模式〔註112〕。證諸前論游錫堃創設縣立「蘭陽戲劇團」，重建歌仔文化，並非源於先驗信念的直接決策意志，而實係受動於邱坤良1991年間執行文建會「劇場與民間藝術結合計畫」，實驗性小劇場專案結束後之間接續貂。而常設「台灣戲劇館」，則緣起於1990年，人類學者陳奇祿先生任職行政院文建會主委時，以政策綱領指導佐以補助地方中、長期資源，藉以推動全台地方特色文化館之文化政策，宜蘭在國家上位政策架構下被動的選定地方民間戲曲作為地方民間文化核心主題等。

　　但游錫堃團隊敏銳的文化政治覺察，執「台語」及「原生戲曲」之本土徵號及民俗文化在地性，一番歸納梳理後，有效轉化為切合時潮且具進步主流意象的「在地主體性」及創新地方意象的文化符號，漸進契合了「文化立縣」的傳統，優位取得了台灣地方發展論述的話語權；巨幅增益了地方社會的文化資本，發騰了地方文化符號的意義結構。

二、文化身分的兩端——文化消費者抑或文化公民

　　在文化治理及區域民俗文化重建的討論裡，對台灣政府過往的總批判

〔註111〕古典模式（classical model）——又稱理性決策模式，假定決策者具有完全理性，強調以最少的成本追求最大的利益。其步驟為：清楚界定政策目標→找出所有達成方案→比較利弊，評估效益→擇定最佳方案。參考吳定等著：《行政學》（台北：空中大學，2002年）。

〔註112〕決策信念在政策形成的過程中，「漸進模式（incremental model）」的定義：決策者在既有的情境下，採取少量的、漸進的、以及邊緣性的調整；意即決策並非一步到位的全然宏遠理性。政治經濟學者林布隆（C. E. Lindblom）提出「漸進主義」的決策模式，認為實際上組織之決策行為普遍具有明顯的保守傾向，決策者通常沒有足夠的能力、擔當、時間或其他資源以迅即採用一套完全不同政策。此處強調宜蘭地方決策的完成過程，係在中央及地方政府與民間團體間彼此互動而逐步修剪增訂完成。參考吳定等著：《行政學》（台北：空中大學，2002年）。

是：國家文化政策，是一個實踐統治集團意志及意識形態的霸權〔註 113〕場域。以文化作為工具，以集體主義、民族品味等概念，在公共領域裡型塑單核心的所謂悠久正統文化，造成一種文化學者 Raymond Williams 所謂的「情感結構（structure of feeling）」〔註 114〕，以便利於「支配文化」的形成。在這般背景下，過往中央壟斷文化政策的情境，致在地民間文化遭排擠得更邊陲化，且政府藉文化政策實現文化再生產以複製統治利益的不義，使活脫主體性的「文化公民」意識更形高亢。台灣草根社會春筍般宣稱「民間文化」、「本土文化」、「在地文化」，倡議文化公民權利意識的覺醒，反抗官方利於統治之單元化意識型態論述，漸成主流。

　　重建或復育在地民俗文化及民間文化等主張，在公民意識裏贊下逐步取得了社會進程的正當性及倡議連結行動的公共性空間；於是勢微的民間地方戲曲及其民俗文化，在文化正義的大纛下，不因其文化產業的社會結構及庶民文化消費型式變遷所致的社會支撐不再，仍力主以公共關懷形塑民俗文化公共政策，投入公共資源復育民間文化，以逆轉文化消費者主導的現下文化市場競爭生態，使民間傳統不致消殂。是故，若吾等持文化公民身分，則重現集體記憶、衍續傳統文化形式，自是責不旁貸，公部門尤應藉文化政策工具，逆潮行動，予以扶植獎助、薪傳推廣。另者，若吾等同理文化消費者市場身分，循「潮流興替」、「理性消費」等集體無意識之消費潛規則而行，則將發現民間戲曲文化形式倘不著根於庶民之日常生活世界，回應當代共享的情感連繫頻譜，則勢竭形絀，標、本難兼。文化工業化市場邏輯下的文化消費者、抑或市民社會人文關懷行列中的文化公民，在當今全球化境寓中身分紛迭、形影交錯的結構性困境，民間文化的來日道途，益形嚴峻！

三、尋索重建地方傳統戲曲及其民俗文化的新典範

　　復健地域民俗文化的經驗，在當今文化生活時空快速遞換的恆動史境中，無法避免曾經的主流通俗文化失勢而邊陲化的集體記憶及社群情感的分水嶺。傳統民俗文化的復健時空益迥異昔往，傳統藝師凋零、數位傳播時代所形成休閒及藝術形態典範的顛覆，造成傳統民俗文化的生產、再生產與文

〔註 113〕「霸權（hegemony）」概念是參照葛蘭西（Antonio Gramsci），意指凌駕一切私人組織的力量。

〔註 114〕Toby Miller、George 著，蔣淑貞、馮建三譯：《文化政策》（台北：巨流，2006年），頁 11。

化消費與文化回饋間的連結斷裂，傳統生活美學形式與當代生活世界漸行又漸遠，使得文化復建結構更形惡化，民間戲曲及其風俗文化益發成為需立意介入保育的非物質文化資產標的，也更形小眾化、標本化、櫥窗化了！

　　傳統結構錯換，使地方戲曲漸趨「櫥窗化」、「標本化」，難以越廓出籬！觀諸宜蘭，用以標示文化符號的「蘭陽戲劇團」、「台灣戲劇館」及地方戲曲薪傳計畫等，在缺乏廣大觀眾群和票房回饋的苦境下，年年仰賴中央微額的補助及宜蘭縣議會年年驚魂，難以料定的預算審議砍刪大戲；如何確保經費資源的無虞，成為最迫臨待解的命題。法國文化部在 1981～1992 年左派執政時，嘗提出了「混合經濟」的文化政策，政府精設政策機轉鼓勵私人贊助，尋求企業和公部門合作，成為傳統重建或藝術創作領域的最佳拍檔〔註 115〕。使地方藝術不遠離地方民間，同時整合資源力鼎文化資產傳續，或許是宜蘭地方戲曲尋求「續曲」突圍的方案選擇！

〔註 115〕Gerard Monnier 著，陳麗如譯：《法國文化政策──從法國大革命至今的文化藝術機制》（台北：五觀藝術管理公司，2007 年），頁 309。

第六章　地方知識與鄉土的復歸

　　本研究前揭各章從「宜蘭地方主義興起」的思潮初動，到游錫堃以「傳統節日與地方集體記憶的重塑」來界定宜蘭人身分的起點，再到縣政治理以「規畫」、「象徵」、「事件」〔註1〕等實踐結構，推動了地方殊異發展策略的進程，終於後驗歸納「文化立縣」的地方性經驗，率皆立基於特定史觀下所建構的地方想像共同體，以及循此脈絡向度所重建的地方身分認同。本章研究軸心，將按地方知識與鄉土復歸的意義階序，主題式的先進入效應優位的宜蘭去中心化鄉土史觀，細探其醞釀與治史施為，尤其宜蘭選擇以專史、重修的方法取徑實踐地方主體性，一改中國史學的方志傳統，據以解構中原史觀的史政典範轉換經驗，將是筆者檢視的重點之一。其次，在主導認同型塑的話語權與詮釋權的爭執中，宜蘭地方國家富含抵抗意識的介入了中央國家長久把持的國民教育體系，在衝撞單元體制及協商進取教育主導權的衝突策略下，經由社會動員的創造性機制，產出了鄉土教育課程與鄉土教材等實踐行動，有效取得地方自主的政治社會化經驗，則是本章檢視的重點之二。本章末節所要探討的，則是在地人作為地方社會成員，回歸日常生活社區場域及社群情懷的原初認同現象，嘗試舉證宜蘭社會身分復歸歷程中，本土歷史意識構面、價值內化的教育構面、及社區鄉土認同的生活構面，所脈絡盤整的自覺經驗與變遷特質。

〔註1〕陳定南、游錫堃所倡導形成的宜蘭經驗，首先常以「規畫」作為資源及路徑評估與抉擇的起手式；續以社會動員及符號編碼形成意識價值的地方「象徵」；而「事件」則可以是「規畫」的付諸行動，也可以是「象徵」的模塑、深化、護衛或神聖化。此三大構面概念參考黃國禎對宜蘭社會發展經驗的元素歸納，惟筆者所用以對宜蘭經驗的詮釋如本註前段，黃國禎見解則出自氏著：《解構宜蘭經驗──邁向想像的地方認同：1990～2000》（作者自發行，2002年）。

第一節　鄉土史觀的在地實踐

1980 年代的宜蘭民間社會菁英，開始了望向腳下鄉土，循文溯史，尋索時間軸所遺留於在地當下空間的身世理解，緩步的邁開了地方文獻的蒐整清理及史蹟的田野考證序列。此期間，歷史工作者所啟動重建想像共同體的動力，不同於清治時期移民社會的唐山原鄉情懷，更有別於日治時期奴化附庸與皇民化倒錯，也有別於戰後國民政府的「再中國化」以「去日本化」的國族政治，其以地方記憶為中心的意識變遷，顯諸於如下的歷史意識與歷史詮釋途徑。

一、田野考證在地史料的先行群

宜蘭戰後國府時代，甚具漢學素養及族群意識的詩人縣長、也是首屆民選宜蘭縣長盧纘祥，自 1953 年親任「宜蘭縣文獻委員會」主任委員，開始了《宜蘭縣志》纂修。1960 年，第四任民選縣長林才添承繼前者，在「宜蘭縣文獻委員會」的架構下，完成了〈卷二：人民志人口篇〉及〈卷二：人民志語言篇〉等部分縣志續修。1969 年，亦屬知識份子從政，任第五、六屆縣長的陳進東醫師史志意識濃厚，在 1970 年完成了〈卷末：志餘篇〉續修後，繼續啟動《宜蘭縣志》的〈卷三：政事志第五篇地政篇（續篇）〉。尚未完成之餘，台灣省政府即於 1972 年函令裁撤各縣市文獻委員會，續修中《宜蘭縣志》之〈卷三：政事志第五篇地政篇（續篇）〉1974 年出版後，地方治史脈絡於是中輟無繼，卸職後的陳進東也常引以為憾。

值此尚非「黨外」意識擾嚷時期的 1970 年代，宜蘭在地幾位歷史科班出身的中學教師，因為學歷史、教歷史或關注地方文史的交集，聚合而為探究地方史事的同質性社群，其中陳進傳時任宜蘭高中教師，周家安與潘寶珠為分任縣立復興國中及中華國中教師的夫妻檔，陳財發時任縣立國華國中教師，邱水金時任復興國中教師，徐惠隆時任羅東國中國文教師等，或因淡江文理學院歷史系同門〔註 2〕、或因教職同儕等一夥社群私誼相繫，浸淫在地文獻研究及史蹟訪查以為交誼，同時滿足人文情懷及歷史知識者存疑考證精神。此諸君教職之餘表現為「民間」自發鄉土文史趨力的期間，1972 年，陳

〔註 2〕陳進傳、周家安、陳財發等俱為淡江文理學院歷史系同門。該校前身為 1950
　　　 年創立的「淡江英語專科學校」，1958 年改制稱「淡江文理學院」，1980 年升
　　　 格為當今的「淡江大學」。

進東任未適值「宜蘭縣文獻委員會」史政組織，遵照台灣省政府裁撤各縣市文獻委員會併入縣市政府民政局的函令，史政弱化空滯、地方文獻虛擲、史蹟荒頹無以為繼的倒退階段。1981 年左右，卸任宜蘭縣長的陳進東，巧遇年輕後進陳進傳，與當時行政院文建會主委陳奇祿都欣賞其投注在地文史採集熱情，也因而信任陳進傳、陳長城所夥鄉土社群，私誼及歷史意識的忘年君子交誼下，開始了私資贊援陳進傳等田野文史調查考證所需基礎資費，先行者們主題式田野訪證宜蘭歷史掌故文物的足跡，於是因此激勵而活躍發展為系統性考察，奠基了地方史田野調查路徑〔註 3〕。

　　1981 年是宜蘭地方政治驟變的起點，首位創勢崛起的「黨外縣長」陳定南，以出乎常規的社會感染力入主縣政，劍及履及的明快政治風格，尋求地方主體性的進步意識，激發了民間社會興革創新的期待。家學豐厚、夙負聲望的頭城書法家康灝泉，嘗以漢人入蘭開發較晚，開發史中諸多典故與史蹟見證殘留於碑銘，開蘭古碑書法藝術及歷史價值豐富，官方長期疏於考證保存，任其傾頹散失係文化資產及先人智慧印痕的憾事，是以建言陳定南以公部門政策領銜，參仿中國長安碑林園區的歷史藝術美學，專案展開蘭陽地區歷史碑紀調查盤點，並整建為藉由碑銘匯展以梳理台灣史及宜蘭史脈絡的「宜蘭草嶺碑林」〔註 4〕。1982 年 4 月，陳定南政策性決定，邀聘前揭陳進傳及周家安等田野社群，組成任務性的「史蹟文物工作小組」，因初期積極於「草嶺碑林工作」一般又稱其為「草嶺碑林小組」，委以在頭城大里草嶺山麓，規畫草嶺古道及草嶺碑林園區藍圖，並預期專業需求，聘請了李超哉、游藤、凌嵩郎、周澄、廖風德、張文彬、馬以工等文史、書法及環境景觀專家為諮詢對象。陳定南同時受理周家安及陳進傳等建言，授權重整官方自 1972 年裁撤縣文獻委員會後，所長期廢置的官方史料，並伺機將部分成果於 1984 年 4～5 月，宜蘭縣接辦「台灣區 74 年度中等學校運動會」人群齊進宜蘭前夕，透過教育現場動員學生家庭，共同蒐羅家藏歷史老照片搭配官方史蹟文本，策展「宜蘭縣史蹟源流文物特展」〔註 5〕。受命執行碑紀史蹟調查與園區規畫的「宜蘭草嶺碑林小組」，則在 1985 年初完成了《宜蘭「草嶺碑林」觀光計

〔註 3〕參據徐惠隆：〈走過歷史，憧憬未來〉收於《宜蘭文獻雜誌》第 53 期（宜蘭：宜蘭縣立文化局，2001 年），頁 21～26。

〔註 4〕參據陳進傳深度訪談。

〔註 5〕參據高淑媛：《宜蘭縣史大事記》（宜蘭：宜蘭縣政府，2004），頁 348、354。及陳鏗堯：《文化‧宜蘭‧游錫堃》（台北：遠流，1998），頁 114。

畫》，陳定南也邀請康灩泉書寫「草嶺碑林」墨寶〔註 6〕，供園區成就後銘鏤
為紀，誠懇回應書法家雅諫。惟因「草嶺碑林園區」規畫座落地點位於東北
角國家風景區範圍，按照公務分工倫理，屬交通部觀光局權責，於是將《宜
蘭「草嶺碑林」觀光計畫》轉送並建議觀光局接辦，只可惜終局未能實現。

　　「草嶺碑林」專題任務小結後，1985 年「史蹟文物工作小組」，除策展前
述「宜蘭縣史蹟源流文物特展」外，續於 1986 年由小組成員協力完成《宜蘭
縣史蹟文物圖鑑》〔註 7〕，集體協力產出了地方史料的基礎文本。陳進傳也因
前述因緣深度投入宜蘭古碑學術調查研究，醉心碑銘拓印及碑銘所涉的歷史
事件、人物及意義變遷，於 1989 完成《清代噶瑪蘭古碑之研究》〔註 8〕。此
一階段，碑石成林的建言、文史調查先行者的行動實踐及在地歷史文本的梳
理產出，雖尚無具體的鄉土史觀論述，仍然註記了陳定南時期在地方史範疇
上的努力軌跡，以及初萌的身份與故鄉情懷。

二、解構中原史觀的地方史重修

　　1989 年游錫堃接續陳定南在地黨外政治香火，膺任第 11 屆宜蘭縣長後，
隨即著手推動競選期間所訴求的各項本土化政治主張。在智囊周家安等之獻
策下，在任期未滿周年的 1990 年 8 月，即作成了修縣史以明身分的政治性決
定，並援引陳定南組設「草嶺碑林小組」的運作經驗，以任務編組方式，機
調任職在地中學的周家安、潘寶珠、黃彩鸞，及由宜蘭縣文化中心博物組約
聘的張文義〔註 9〕等為組成「文獻小組」初期成員〔註 10〕，其後則包括陳財
發、黃文治及中研院李季樺等亦有所參與，在游錫堃「找回宜蘭人自己的根，
重建宜蘭人的品味。」策略指導下，在周家安構想下設定初期工作項目為：
噶瑪蘭舊社 36 社調查；續修宜蘭縣志；（吳沙）開蘭 195 週年紀念活動。後

〔註 6〕參據徐惠隆：〈走過歷史，憧憬未來〉收於《宜蘭文獻雜誌》第 53 期，（宜蘭：
　　　　宜蘭縣立文化局，2001 年），頁 21～26。及國立傳統藝術中心 2009 年 1～2
　　　　月《「康灩泉百年紀念展」說明手冊》。
〔註 7〕凌昌武等：《蘭陽史蹟文物圖鑑》（宜蘭：宜蘭縣立文化中心，1986 年）。
〔註 8〕陳進傳：《清代噶瑪蘭古碑之研究》（彰化：左羊出版社，1989 年）。
〔註 9〕張文義原任職仰山基金會，後轉任復興工專教職；該校後改制為蘭陽技術學院。
〔註 10〕張文義：〈從碑林小組到文獻小組、宜蘭縣史館──我與文獻小組的關係與回
　　　　憶〉收於《宜蘭文獻雜誌》第 53 期，（宜蘭：宜蘭縣立文化局，2001 年），頁
　　　　27～35。張文義初到宜蘭時任職仰山基金會，後以約聘身分入文獻小組，後
　　　　轉任教私立復興工專；另仰山基金會創辦人及當任董事長為游錫堃。

期則規畫並確立了：以專史系列方式，重修縣史的方向；並創建宜蘭縣史館為專責修史機構等兩重大建議。「文獻小組」作為地方新史政發起載體，在 1991年 6 月擬定了，律定以鄉土史觀治史的《重修宜蘭縣志規劃報告草案》及《宜蘭縣史館籌備計畫草案》；在充分反映地方文化領導權政策實踐意向後，「文獻小組」解散，教職人員回歸學校〔註 11〕，開始了由周家安接任縣史館籌備處總幹事，逐步轉入納編官僚體系執行的過渡階段。

　　「文獻小組」在對於縣史究係以「續修」或「重修」方式進行，有過一番論辯。對於修史工作者，也嘗有一番相異論述與考慮。由於「文獻小組」對在地文史的情懷起因，緣於「碑林小組」及該夥伴社群，前此努力接軌陳進東前縣長續修《宜蘭縣志》的文化關懷，又由於史學的學院基礎訓練階段，普遍薰陶於中國傳統史志方法論，多主張在清代《噶瑪蘭廳誌》及戰後 1960年完成的《宜蘭縣志》為本的基礎上，承續台灣省府函令裁併前「宜蘭縣文獻委員會」，在 1974 年年出版後即中輟無繼的《續修宜蘭縣志》，以搶救並善用該會遺留瀕危的殘篇文本，完續地方史志紀錄〔註 12〕。惟以《日本殖民體制下的臺灣鴉片政策》碩士學位論文，畢業於文化大學日本研究所的張文義，以其從日治殖民視野進入台灣史的理解，於「文獻小組」內多次力主「如果要保留文物的話，非重修宜蘭縣志不可」，初期雖未獲得主導者周家安的認同，仍倡議應「透過重修縣志來蒐集、保存歷史文物」。小團隊內爭議矛盾多時，周家安終於接受，甚而以迥異傳統史志途徑，進一步引導以專史型式擬定以現代科學分類範疇，分冊、分纂產出全新「宜蘭縣史系列」，從不同專業視域檢證宜蘭地方知識，以跳脫傳統綜融式續修框架，藉由地方知識體系的確立，激發宜蘭地方學研究之學術文化與知識生產能量，有力展現地方主體性。非傳統地方志型式的附帶收獲，在於可免除中央單一中心主義史觀檢查的傳統制約，在宜蘭以「鄉土史觀」解構「中原史觀」的抵抗精神，因而有了具體可行的實踐途徑〔註 13〕。按內政部 1946 年 7 月發布實施的〈地方志書纂修辦法〉規定，「地方志書之纂修，以二十年纂修一次為原則」；且「舊志

〔註11〕周家安：〈雪泥不計留鴻爪〉收於《宜蘭文獻雜誌》雙月刊第 53 期（宜蘭：宜蘭縣政府文化局，2001 年 7 月），頁 13～16。

〔註12〕張文義：〈從碑林小組到文獻小組、宜蘭縣史館──我與文獻小組的關係與回憶〉收於《宜蘭文獻雜誌》第 53 期，（宜蘭：宜蘭縣立文化局，2001），頁 30。

〔註13〕張文義：〈從碑林小組到文獻小組、宜蘭縣史館──我與文獻小組的關係與回憶〉收於《宜蘭文獻雜誌》第 53 期，（宜蘭：宜蘭縣立文化局，2001），頁 30～32。

內容完整者，得以續修方式為之」，編纂志書前「應先編擬志書凡例、綱目及纂修計畫」逐級送審，「省或縣（市）政府文獻主管機關」，在完成志稿後仍需「函請內政部審定」，始可印刷出版〔註14〕。

「文獻小組」提報游錫堃認可的《重修宜蘭縣志規劃報告草案》，確定了以「重修宜蘭縣志」的治史型式為「指導綱領」，所揭櫫重修縣史的「基礎計畫」包括：「宜蘭縣文物採集」、「宜蘭縣耆老口述歷史」、「日文宜蘭資料翻譯」、「宜蘭縣公文書暨出版品蒐集」、「《宜蘭文獻》復刊」、「《宜蘭文獻叢書》出版」、「宜蘭縣史館籌備」等 7 大範疇。再轉化為包括：展開宜蘭縣「史前遺址」、「地名沿革」、「泰雅人」、「傳說」及「鄉土歌謠」等民間文學、農地「三七五減租影響口述」、「二二八事件口述」、「外省籍老兵口述」、「日據軍事佈署」、「日據教育經驗口述」、「日籍台灣兵口述」、「蘇澳清冰古墓群」等共 12 項縣史基礎性文本的田野調查。

「文獻小組」的計畫性工作畫下暫止符後，銜接實踐的執行組織仍然遭遇了既有體制的羈絆。1992 年宜蘭縣政府受限於地方組織法制的限制，無法於行政組織內正式編制治史機關，游錫堃責成人事及法規部門研議，尋求即可開展治史實務之因應選項，遂權變採擇以公法人宜蘭縣政府的「縣長游錫堃」，委託財團法人「蘭陽文教基金會」的「董事長游錫堃」成立「宜蘭縣史館籌備處」。1992 年 3 月 7 日「宜蘭縣史館籌備處」，召開重修縣志第一次座談會，該次會關鍵性的確定了以專史方式重修的史政策略，並名以「宜蘭縣史系列」為產出的史冊名稱〔註15〕，替代漢文化傳統方志〔註16〕的地方史型式；按《重修宜蘭縣志八十一年度工作計畫》〔註17〕著手縣史編修計畫，展

〔註14〕參據內政部 1946 年 7 月 16 日施行之〈地方志書纂修辦法〉，文號：內授中民字第 0920088588-3 號，規範共 12 條，本文中引用依序分別為該規章第 3、4、6、9 條所定之行政程序。隨著台灣多元史觀及地方文化自治化的風潮，該纂修辦法業於 2003 年 01 月 30 日公告廢止適用。

〔註15〕林克勤：〈一步一腳印——宜蘭縣史館的前世與今生〉收於《宜蘭文獻雜誌》雙月刊第 52 期（宜蘭：宜蘭縣政府文化局，2001 年 7 月），頁 15。

〔註16〕「地方志」的治史傳統，按來新夏：「以一定體例反映一定地區或行政區化的政治、經濟、文化、軍事、自然現象和自然資源歷史與現狀的綜合性與資料性的著述。」來新夏：《中國地方志》（台北：台灣商務印書館，1995 年），頁 2。指出了傳統方志型式屬「綜合性與資料性的著述」，與宜蘭所擇定「專史」型式不同，「專史」型式係關于分門別類後專門學科或領域現象的歷史，如：經濟史、文學史、美術史、衛生史、民俗史、交通史等等。

〔註17〕宜蘭縣史館籌備處：《重修宜蘭縣志八十一年度工作計畫》（宜蘭：宜蘭縣史館籌備處，1992 年）。

開了宜蘭治史的新文化經驗。「蘭陽文教基金會」的創立基金得自公部門的公帑捐助，剛性規範組成機制由當任縣長為當然董事長，當任縣府文化行政主管為當然執行長，係台灣省政府教育廳 1989 年挹注分攤設立基金，輔導鼓勵各地方政府所設立，旨在藉財團法人身分與執行規範上的彈性，避免地方文化推廣事務窒礙於行政程序的公設法人。宜蘭縣政府於是在 1996 年 6 月，免於官僚化的程序規範，經由附設於「蘭陽文教基金會」的「宜蘭縣史館籌備處」，聘約張炎憲為重修縣史總編纂，林美容、王世慶、李壬癸、劉益昌、戴寶村、施添福、張勝彥、張長義、吳文星、邱坤良、吳乃德、林忠正等 12 位為編纂委員及專史撰述，完成了簽約託付，展開了修史與在地鄉土、身分尋索建構的社會過程。

　　「文獻小組」在啟動縣史重修計畫前，所先行推動的「噶瑪蘭舊社 36 社調查」，即面臨了地方欠缺專業人才的困境，張文義於是推薦小組成員尋求拜訪中央研究院張炎憲及詹素娟協助，最終由劉益昌及詹素娟承單調查研究重擔。重修縣志的計畫底定後，總編纂及編纂團隊成員何屬，也有了由在地文史工作者治宜蘭史，抑或禮聘台灣史領域權威學者承擔的爭議。其中陳進傳提議參照碑林小組及文獻小組的參與經驗，徵求了解在地、富故鄉情懷的縣內教師，短期訓練後投入家鄉田野，以扎根儲備治史種子，擴大在地介面、賡續在地史志業，避免外地學者短期專案性介入，史成後人去無以為繼〔註18〕。惟周家安及張文義持異議，尤其張文義觀察「宜蘭文史界當時對整個台灣學術界的研究趨勢似乎有所疏離，對相關學術領域資訊也不是很清楚。」再者「宜蘭在地文史工作者雖對宜蘭文史抱持著滿心的執著和關懷，但對台灣歷史研究的環境卻缺乏認識。」張文義舉證，文獻小組成員往南港中研院諮詢「中國近代史教授，請益編修宜蘭縣志、編撰人員等問題」，卻捨咫尺相鄰的「台灣田野調查研究室」〔註 19〕，以及專研台灣史的許雪姬及張炎憲，重修縣史總編纂人選在張文義提議促成下，底定由張炎憲擔任〔註 20〕，並由其以專業史原則分邀林美容等 12 位領域專家為執筆編纂成員。

　　各領域專家介入宜蘭人生活世界的專史產出，計有《宜蘭縣南島民族與語

〔註18〕參據陳進傳深度訪談。

〔註19〕中央研究院「台灣史研究所」籌備處前身。

〔註20〕張文義：〈從碑林小組到文獻小組、宜蘭縣史館——我與文獻小組的關係與回憶〉收於《宜蘭文獻雜誌》第 53 期，（宜蘭：宜蘭縣立文化局，2001 年），頁 30。

言》、《宜蘭縣文職機關之變革》、《宜蘭縣水利發展史》、《宜蘭縣社會經濟發展史》、《宜蘭縣交通史》、《宜蘭縣民眾生活史》、《宜蘭縣基督教傳教史》、《宜蘭縣人口與社會變遷》、《宜蘭縣民間信仰》、《宜蘭縣醫療衛生史》、《宜蘭縣口傳文學》、《宜蘭縣學校教育》及《宜蘭縣史大事紀》〔註21〕等，初步實現了從專史看見蘭陽，建構地方知識系統及展現地方主體性、能動性的重修目標。

三、鄉土史務的博物館化與學術化

創立縣轄史政機關，是周家安受命組成「文獻小組」推動地方共同體意識的核心構想，在小組成員借調期滿重返中學任教前的 1991 年 6 月，在宜蘭縣史館籌備處主導的「宜蘭縣史編纂委員會」，完成了《重修宜蘭縣志規劃報告草案》，底定了修史策略與架構系統；另方面，周家安同時交付小組成員陳財發籌畫修史機關構想，陳氏提議號名「宜蘭縣史館」以「實現『文化立縣』的縣政理想」，草擬了《宜蘭縣史館籌備計畫草案》〔註22〕。至此，「文獻小組」具體設定了：以「成立縣史館」作為「重修宜蘭縣志」根據地為終極雙趨目標，鑲嵌了「以修史促成設館，以設館保障修史」〔註23〕的相互實踐安全機制。在這一策略管理原則的牽引之下，宜蘭縣史館組織的體制化及收藏空間的建築場館化的實踐驅力，圍繞著塑造地方「人與歷史交會之所」的空間意義，被游錫堃政團設定為堅持鄉土主義路線的物理性灘頭堡與意識型態符碼〔註24〕。

1993 年 10 月 16 日「宜蘭縣史館」，在被標記為「開蘭197 紀念日」的宜蘭起始身分隱喻下開設，但卻屈就於宜蘭縣立文化中心膽讓的三樓空間，日漸擁擠的窘迫下，宜蘭縣政府另案力推，於吳沙入墾首據地的頭圍烏石港，建置「蘭陽博物館」。周家安遂藉以建議游錫堃，尋求兩館併案落腳烏石港，游錫

〔註21〕 參據〈宜蘭縣史館出版目錄〉收於《文化宜蘭 30》（宜蘭：宜蘭縣政府文化局，2014 年），頁 91〜92。

〔註22〕 參據陳財發：〈深化平民史觀‧活化展示空間〉收於《宜蘭文獻雜誌》第 53 期，（宜蘭：宜蘭縣立文化局，2001 年），頁 17〜20。

〔註23〕 參據文獻小組：《重修宜蘭縣志規劃報告草案》（宜蘭：宜蘭縣立文化中心，1991 年）。另《宜蘭縣史館籌備計畫草案》之計畫說明中即倡導「縣史館的籌設過程，應與縣志重修進度相互配合，以收相輔相成之效」。

〔註24〕 陳財發在《宜蘭縣史館籌備計畫草案》中，直陳「縣史館應成為永久性之常設機構」，以「成立『縣史館』開全台風氣之先」，以「引導縣民了解宜蘭史，進而培養愛鄉愛土的情懷」，達到「實現『文化立縣』的縣政理想」的計畫目標。另參據陳財發：〈深化平民史觀，活化展示空間〉收於《宜蘭文獻雜誌》第 53 期，（宜蘭：宜蘭縣立文化局，2001 年），頁 17〜20。

堃應允後復顧慮兩館同落頭城，恐遭質疑獨厚頭城，遂回歸到委託日本象集團規劃整建中的縣政中心旁作為假山的鬆軟腹地現址〔註25〕。惟遷就既有公務體制，宜蘭縣史館籌備處初始寄寓於蘭陽文教基金會，屬非法制化部門，無法編製籌建預算，遂權宜以「縣政資料館」名目妥協履行體制程序。1995年委託日本象集團擔綱，遵照先前經「文獻小組」底定的《宜蘭縣史館規劃報告》的籌設結構，發想館體空間設計論述及面積與機能需求。在陳定南時期，受託規劃冬山河親水公園的日本象設計集團，續由游錫堃託付規劃縣政中心的尾聲時，無意中因空間連結而繼續承接了「宜蘭縣史館」設計重責。來自日本的日籍建築設計師播本貴（Harimoto Takashi），以「讓建築主體內部與戶外大地互動呼應」為基調，解構了傳統歷史建築場館以剛峻稜角與線條表現權威的外觀，植被綠意的圓形屋頂主體建築，低調的融入周邊地景，「從外部看像一座山，從裡面看，則有如置身在榕樹下」〔註26〕。博物館化的空間，表現在除了一般歷史檔案庫的典藏區及閱覽區外，尚以廣大的專題展示區、常設展示區、互動學習區及歷史電腦遊戲區等策展與體驗空間，呈現歷史博物館典藏、研究、教學、出版與策展的博物學特質〔註27〕。2001年，具地方身分重建象徵的「宜蘭縣史館」新建築空間落成，游錫堃再次擇定於紀念吳沙率漢人墾團入蘭的10月16日正式啟用，作為官方「開蘭紀念日」的獻禮與具體政績，同時策展「宜蘭人家譜特展」作為宜蘭人身世歷史意象的鋪陳〔註28〕。

在「宜蘭縣史館」以地方專史為產出目標的策略效應中，促成了《宜蘭文獻》以雙月刊《宜蘭文獻雜誌》形式自1993年復刊。《宜蘭文獻》於1956年即以特刊方式創刊，在1956年4月到1965年5月的前五輯，除首期為勝跡特輯，其後均以特輯方式介紹墾首吳沙及楊廷理、楊士芳、李逢時、陳錦煌等地方清治科舉領袖，及至日治時期蔣渭水、盧纘祥及陳金波等，普遍偏向人物志。1965年～1969年以平均每年一輯的出版量，涉獵普遍性文史議題後於1969年停刊。

〔註25〕 參據周家安：〈雪泥不計留鴻爪〉收於《宜蘭文獻雜誌》雙月刊第53期（宜蘭：宜蘭縣政府文化局，2001年7月），頁15。

〔註26〕 宜蘭縣政府委託象集團設計公司，日籍建築設計師播本貴（Harimoto Takashi）所表明的設計論述。

〔註27〕 參據林克勤：〈人與歷史交會之所——宜蘭縣史館新館簡介〉收於《宜蘭文獻雜誌》雙月刊第52期（宜蘭：宜蘭縣政府文化局，2001年7月），頁26～40及11～25。

〔註28〕 林克勤：〈宜蘭縣史館大事記〉收於《宜蘭文獻雜誌》雙月刊第52期（宜蘭：宜蘭縣政府文化局，2001年7月），頁17。

在游錫堃將重修宜蘭史列為證成地方主體性的基礎策略後，1993 年《宜蘭文獻》改以《宜蘭文獻雜誌》形式復刊，即速轉化該刊為地方研究及身分意識的載體與象徵，宜蘭縣史館籌備處改以雙月刊頻率制度化出刊。表現了對在地史料研究成果產出的信心，也表達了常態化經營一份厚重文史雜誌的雄心與官方政策立場。復刊後呼應著專史的地方研究精神，經由每期設定專刊主題，遍及宜蘭族群、政治、地理、交通、宗教信仰、民俗、戲曲、文化資產、社區生活、鄉土教育、社會運動、殖民研究、人物、地方文學、歷史與考古等〔註 29〕，保存了鄉土史料，也全方位觸動了地方研究領域，提供了地方知識研究與發表平台，擴大了地方研究社群及經由地方知識深度與廣度的開拓，深刻勾繪了地方臉譜的識別度與能見度，柔軟的、知性的結構了宜蘭的主體性。值得關注的另一個深耕廣耘的治鄉土史基本功，是宜蘭縣史館籌處自 1992 年 5 月，在蘭陽地區各鄉鎮分別進行了 13 場的耆老座談會。由各鄉鎮公所推薦經縣史館按治史目標邀集 60 歲以上，見多識廣、記性佳、戰前戰後有傑出成就，及豐富閱歷或熟悉在地文物掌故及民俗民情等年長者，填答特定議題的開放式問卷並接受深度訪談，同時也參與普遍性題綱的對話與史境敘述，梳整為結構性史料後再進一步查證深掘為口述文本。陸續依民間理髮、棺材、戲班樂師、廚師、客運司機、北管藝人、鐘錶、牽罟捕魚、做灶師傅、農夫、本地歌載藝人、棉被店、擇日館等行業史，及員山普照寺觀音佛祖和保安宮保生大帝顯靈傳說或軼事典故，規劃為〈宜蘭庶民生活口述史料系列〉；自 1994 年 7 月開始，連載於第 10～27 期《宜蘭文獻雜誌》〔註 30〕，有系統的揭露平民視域下的地方社會史、生活史等基礎文本。宜蘭縣史館籌備處此階段所進行的耆老口述歷史採集，與前此宜蘭縣文獻委員會 1953 年為纂修《宜蘭縣志》，及台灣省文獻委員會 1972、1973、1974 及 1988 年間於宜蘭地區共 8 場的耆老座談會〔註31〕。所相同者，是纂修者

〔註29〕 參據〈宜蘭縣史館出版目錄〉收於《文化宜蘭 30》（宜蘭：宜蘭縣政府文化局，2014 年），頁 87～89。及《宜蘭文獻雜誌》雙月刊第 52 期（宜蘭：宜蘭縣政府文化局，2001 年 7 月），頁 157～164。

〔註30〕 參據〈宜蘭庶民生活口述史料系列〉收於《宜蘭文獻雜誌》第 10～27 期，（宜蘭：宜蘭縣立文化中心，1994 年 7 月～1999 年 1 月）；及莊秀冠：〈人與歷史交會之所——「文化立縣」與宜蘭縣史館（1992～2005）〉（台北：國立師範大學歷史學系碩士論文，2011 年），頁 113～117。

〔註31〕 參據〈宜蘭庶民生活口述史料系列〉收於《宜蘭文獻雜誌》第 10～27 期，（宜蘭：宜蘭縣立文化中心，1994 年 7 月～1999 年 1 月）；及莊秀冠：〈人與歷史交會之所——「文化立縣」與宜蘭縣史館（1992～2005）〉（台北：國立師範大學歷史學系碩士論文，2011 年），頁 111～115。

多盼以口述歷史研究方法，補綴官方文獻及菁英觀點之未足；所不同者，是前者出於中心主義史觀，所欲重建史境，仍為傳統史志體例之官書結構及意識型態〔註32〕，而後者，採集口述史料前，即宣告預設了去中心化策略，以平民視域及當代專史研究方法，先後發表於前述各期《宜蘭文獻雜誌》中之〈宜蘭庶民生活口述史料系列〉連載專欄，尤其在口頭史料採集系列完成後，集結成《宜蘭縣鄉土史料》〔註33〕一書，經由民間生活史序列體現鄉土史觀，尋求本土化意識型態得以在台灣文化政治領導權的爭執場域中，取得落地著根的實踐空間。

另方面，在治史行動過程中所蒐掘的基礎史料及田野調查研究等成果，則以《宜蘭文獻叢刊》系列，分別以專書形態產出領域文獻投入知識市場。包括：古文書、遺址考古調查、傳統聚落形成與遷移、史蹟測繪、漢人家族傳統、漢人族譜、耆老口傳、地方詩詞文學、地方動植物學史年表、宜蘭地質學史年表、宜蘭體育運動史年表、影像史料、鄉土民俗採集、二二八政治事件、戰後施政資料等大量且持續出版的基礎史料文本〔註34〕，發祥為領域多元的知識資料庫，提供學術市場據以進階研究及滿足考證需求。

宜蘭縣史館為動員對宜蘭學及地方區域研究的學術風氣，由總編纂張炎憲率林美容等編撰委員及協編人員，在1993年5月「宜蘭縣史編纂委員會」中決議籌辦「『宜蘭研究』學術研討會」，並擇定為宜蘭縣政府1994年紀念漢人入蘭的「開蘭198紀念日」的主題活動。在吳沙率武裝墾團發起入蘭198週年的10月16日前夕，也是宜蘭縣史館開館一週年，開始了「第一屆『宜蘭研究』學術研討會」。構築地方研究互動平台，鼓吹學術界投身鄉土研究，也藉以展現宜蘭治地方史兼及地方研究的經驗與初步成果，所發表共8篇學術論文涵納宜蘭自然環境、史前文化、南島民族語言、音樂舞蹈、醫療衛生、家族發展、地方派系、產業經濟等專史領域，且發表人具為專史撰述成員〔註35〕。此其時恰逢宜

〔註32〕查諸宜蘭縣文獻委員會1953年所纂修《宜蘭縣志》，及台灣省文獻委員會：《重修臺灣省通志》（南投市，台灣省文獻委員會，1989～1998年）之體例與內容。
〔註33〕該書史料採集及編輯之實質作者，實為宜蘭縣史館籌備處團隊，惟為爭取臺灣省文獻委員會出版之資源補助，遂發表為臺灣省文獻委員會編，《宜蘭縣鄉土史料》，（南投：臺灣省文獻委員會，2000年）。
〔註34〕該書史料採集及編輯之實質作者，實為宜蘭縣史館籌備處團隊，惟為爭取臺灣省文獻委員會出版之資源補助，遂發表為臺灣省文獻委員會編，《宜蘭縣鄉土史料》，（南投：臺灣省文獻委員會，2000年），頁90～91。
〔註35〕褚錦婷編輯：《「宜蘭研究」第一屆學術研討會論文集》（宜蘭：宜蘭縣立文化中心，1995年）。

蘭高等教育關鍵突破期，以人文社會科學為學術中心的佛光大學〔註 36〕終於決定落腳礁溪林美山，籌備處負責人龔鵬程，期望學術與在地互動相輔，主動倡議以自校人文、社會菁英投入，與官方縣史館繼續「宜蘭研究」學術平台的營造，以形成地方學及宜蘭人文傳統；並倡議平均每兩年舉辦的學術頻率。自第二屆「宜蘭研究」學術研討會起，除了修史原始規劃中提供地方專史撰述者發表所屬領域成果外，所激勵投入地方研究者之學術背景及研究領域更趨寬廣多元〔註 37〕，但也因此致使發表議題及發表者之問題意識間幅射發散，較難有縱深對話。迄 2000 年第四屆，經驗逐漸成熟後，終於以海洋文化為鵠的，策訂了「眺望海洋的蘭陽平原」的散文般主題，望向太平洋與蘭陽地區歷史、經濟生產、族群、自然地理、軍事、港灣等聚焦範疇〔註 38〕。2001 年的五屆，以有宜蘭「母河」之稱，納流溪北地區的宜蘭河、美福溪、粗坑溪及溪南地區冬山河、羅東溪的蘭陽溪為主題，訂定「蘭陽溪生命史」的溪流文化為範疇〔註 39〕。2004年的第六屆，以「族群與文化」為題，探討噶瑪蘭、平埔、泰雅、閩客各族及外籍新住民等認同、遷徙、聚落變遷等族群文化現象〔註 40〕。2006 年第七屆，適值國民黨呂國華阻斷黨外連續 24 年「綠色執政」，北宜高速公路雪山隧道可望開通，預期從來自居一方的蘭陽平原，將遭逢地緣區域的強大衝擊，遂命定以「交通與區域發展」為題，探討區域治理、生態地景及社會與交通等因應課題〔註 41〕。2008 年第八屆，呂國華時期尋求導向宜蘭產業及就業出路等地方發展路徑決擇，以「產業發展與變遷」等經濟產業文化為主題〔註 42〕。2010 年第

〔註 36〕 自 1993 年開始籌設，2000 年以佛光人文社會學院為名創校，先設碩士、博士研究所，2002 年始招大學部，2006 年改名為佛光大學，為佛光山開山宗長星雲發起「百萬人興學」社會運動所興辦學府。

〔註 37〕 李素月編輯：《「宜蘭研究」第二屆國際學術研討會論文集》（宜蘭：宜蘭縣立文化中心，1997 年）及廖英傑編輯：《「宜蘭研究」第三屆學術研討會論文集》（宜蘭：宜蘭縣立文化局，2000 年）。

〔註 38〕 黃于玲編輯：《眺望海洋的蘭陽平原——「宜蘭研究」第四屆學術研討會論文集》（宜蘭：宜蘭縣史館，2002 年年）。

〔註 39〕 石雅如、許美智編輯：《蘭陽溪生命史——「宜蘭研究」第五屆學術研討會論文集》（宜蘭：宜蘭縣史館，2004 年）。

〔註 40〕 許美智編輯：《族群與文化——「宜蘭研究」第六屆學術研討會論文集》（宜蘭：宜蘭縣史館，2006 年）。

〔註 41〕 李素月、張曉婷、石雅如編輯：《交通與區域發展——「宜蘭研究」第七屆學術研討會論文集》（宜蘭：宜蘭縣史館，2008 年）。

〔註 42〕 李素月、石雅如編輯：《產業發展與變遷——「宜蘭研究」第八屆學術研討會論文集》（宜蘭：宜蘭縣史館，2010 年）。

九屆，為拉抬當年蘭陽博物館開館效應及其搭配展的「淇武蘭」遺址文物議題，名為「探溯淇武蘭」，以淇武蘭聚落遺址出土文物的考古研究成果為主，輔以馬賽人及噶瑪蘭人等先住民族文化研究〔註43〕。2012 年第 10 屆，為反應北宜高速高路快速流動後的地景及環境挑戰，遂以反省式的「『再現』別有天：宜蘭生態與環境變遷」為題，以焦慮警醒的視角，尋求重建宜蘭舊時自居一隅「別有天」的生活情境與故鄉價值〔註44〕。2015 年第 11 屆，目光回歸到長久被忽視的宜蘭山區原住民族——泰雅族，以「宜蘭泰雅族」為題，聚焦迴繞宜蘭泰雅族之歷史、文化、族群關係、教育、語言、社會、政治、經濟等族群處境及歷史文化變遷〔註45〕。本文截稿前籌備中的 2017 年第 12 屆宜蘭研究學術研討會，首次專題關注宜蘭地區的宗教及民間信仰，準備探討原住民宗教與信仰、民間信仰與民間教派，及宜蘭地區世界性宗教及新興宗教現象等〔註46〕。相關地方知識生產所構築宜蘭研究知識資源網絡，適足以反映宜蘭官方以生活史、專史為身分及鄉土環境認知，進而豐厚故鄉情懷，觸發地方住民社會中知識及意見領袖群的意識覺醒，驅動集體認同的公眾心理機轉，漸次實踐了地方身分重建及鄉土認同的文化策略。所謂「宜蘭學」〔註47〕研究的學術社群因而漸次結聚，也帶動了台灣各地區地方學研究風潮的興起。

　　宜蘭研究學術研討會所形成的學術傳統與效應，非僅在於論壇式的學術公共領域對話，歷次研討會經歷發表、評論及交流後，學術成果均結集發行，造就了宜蘭地方研究的知識社會再生產鏈。尤有甚者，第一屆宜蘭研究學術研討會的與會學生梁鴻彬，建言宜蘭縣史館策辦以大學生及研究生為對象的

〔註43〕 李素月、許美智編輯：《探溯淇武蘭——「宜蘭研究」第九屆學術研討會論文集》（宜蘭：宜蘭縣史館，2012 年）。
〔註44〕 李素月編輯：《「『再現』別有天：宜蘭生態與環境變遷」——「宜蘭研究」第十屆學術研討會論文集》（宜蘭：宜蘭縣史館，2015 年）。
〔註45〕 宜蘭縣史館編輯：《宜蘭泰雅族——「宜蘭研究」第 11 屆學術研討會義手冊》（宜蘭：宜蘭縣史館，2016 年）。
〔註46〕 參據宜蘭縣史館：〈宜蘭的宗教與信仰——「宜蘭研究」第 12 屆學術研討會徵稿公告〉（宜蘭：宜蘭縣史館，2017 年）。
〔註47〕 任教香港中文大學的宜蘭子弟何秀煌，即曾表示不主張「隨便將宜蘭研究稱為「宜蘭學」，畢竟我們宜蘭地方的人歷來注重純樸無華，不尚自誇，追求實實在在的工作和事業」，否則「似有誇大不實之嫌，因為一般稱為某某學的東西，往往不只有它特定的題材對象，甚至有它獨特的理論問題和方法基礎，有時更加具有它的學術源流和派別傳統」。參據何秀煌：〈歷史的「詮釋」和歷史的「還原」——對於「宜蘭研究」的一些思考〉收於氏註《傳統‧現代與記號學——語言‧文化和理論的移植》（台北：東大圖書公司，1997 年）。

「宜蘭研究研習營」，延聘地方研究學者及田野實務先進者，如張炎憲、陳進傳、詹素娟、劉益昌、施添福、許雪姬、林正芳、張文義、周家安、邱水金……等等為師，自 1996 年到 1999 年間逐年分期徵招大學生、研究生、教師等為學員，授以地方研究基本理論及方法論之訓練，並輔以宜蘭地方學、田野實務及文本採集分析與寫作編輯等，開始了宜蘭研究的旁支發展脈絡，其後中斷。2005 年復辦後易以兩年一辦，直至第七期入門者已達 168 位，有效的累積了地方研究人才資源庫，維繫了宜蘭地方研究的衛星社群，也吸納了許多成員投入宜蘭文化行政的行列或成為地方研究及鄉土教學之翹楚〔註48〕。

四、外溢的身分意識與治史風潮

回溯游錫堃政團 1989 年 12 月入主宜蘭縣政後，臨時組成於 1990 年 8 月迄 1991 年 6 月間由周家安所實質領導的「文獻小組」，開始從初期工作項目：從委由劉益昌及詹素娟承擔的「噶瑪蘭舊社 36 社調查」，到敦聘張炎憲、林美容等大家為「重修宜蘭縣志」的編纂成員等，所開創累積的成果都提供了文獻小組策畫「開蘭 195 週年紀念活動」豐實的地方知識基礎〔註49〕，「開蘭 195 週年」的紀念活動也從一次單元式的歷史重建活動，轉化而成其後沛然深遠的「開蘭 200 週年」紀念活動，該活動雖名之曰「紀念」，實則輻射影響而為今日家戶皆曉的「兒童的夢土」──「宜蘭國際童玩藝術節」、「水‧綠‧健康」的──「宜蘭綠色博覽會」、「兒童的夢土」──「宜蘭國際童玩藝術節」、「歡樂宜蘭年」、「宜蘭社區總體營造」及雕刻家楊英風創作於宜蘭縣政公園廣場的「蘭陽紀念物」──「協力擎天」的大地藝術作品〔註50〕。

「文獻小組」由宜蘭文獻的歷史介面，介入了地方國家當政政團的治理論述與詮釋修辭，契合了游錫堃此一地方國家領袖當時所處之主、客觀政治情境，由初時智囊式的「文獻小組」，1992 年 1 月過渡到準執行機關的「宜蘭縣史館籌備處」，逐步經由重修專史的範式，廣納縣內、外專業與理念共鳴者，構成以宜蘭歷史、族群社會、在地文化、民俗資材、鄉土環境等在地元素，

〔註48〕 參據宜蘭縣史館：《宜蘭文獻雜誌》第 22、30、36、42、71、72 期載，宜蘭研究研習營各期課程表。及莊秀冠：〈人與歷史交會之所──「文化立縣」與宜蘭縣史館（1992～2005）〉（台北：國立師範大學歷史學系碩士論文，2011年），頁 193～206。

〔註49〕 陳賡堯：《文化‧宜蘭‧游錫堃》（台北：遠流，1998 年），頁 114。

〔註50〕 宜蘭縣政府 200 年推行委員會：〈「宜蘭紀念日」200 週年系列活動基本企畫案〉（宜蘭：宜蘭縣政府 200 年推行委員會，1995 年），頁 3～13。

有機盤整而為地方新文化行動的實踐社群，引導游錫堃的施政視野及與其自身政治定位相關的歷史意識。「文獻小組」及「宜蘭縣史館籌備處」，一脈相傳的發展地方論述及在文化政治領域的領導驅動，所外溢的意識能量，對地方價值意義系統詮釋及發展典範的轉移變遷，產生了深刻洞徹的影響。該組所形成的上位文化策略，有力激發並結合了游錫堃意志，強勢擴大撐展了文化政治在地方國家權力傳輸的施為場域並牢實掌握，從文獻小組為中心的菁英同儕圈的意志凝結，互動輸送熟成而為游錫堃政治意志。

　　宜蘭地方國家高張力、富進步意識的創意治史運動，除了自為的文化政策序列作為外，尚且經由掌握中的國民教育體系，推行校史、學生家譜重建運動及鄉土教育，有關鄉土教材編纂、鄉土教育部分，筆者於本章第二節另文詳論，此處暫與略過。但宜蘭治地方史與建立鄉土史館的經驗，卻吸引了補助治史經費的台灣省政府，專函鼓催省屬及各地方政府仿傚成立地方史館，蒐史、治史〔註51〕。省府的激勵效應，帶來了各縣市政府的「取經潮」，直接、間接的觸動了台灣地區多方面的地方史及文史博物館運動，較具體受宜蘭經驗影響的有：南投縣，1994 年林源郎縣長要求開始規劃，展開相關史料蒐集、文物評鑑等工作，於 1996 年 12 月成立『南投縣史館籌備處』，1997 年 12 月 14 日南投縣史館於南投文化園區揭幕啟用；彰化縣整修擴大其「史蹟資料室」為「彰化縣史館」，於 1999 年重新開館；「屏東縣史館」轄於「屏東旅遊文學館」之下，2005 年在縣立圖書館內設有「屏東縣作家文庫」及「屏東縣縣史館」兩主題空間；新竹縣縣史館結合「客家圍樓」與「合院設計」概念，於 2008 年 8 月 31 日開館〔註52〕。另者「宜蘭研究」的觀照地方知識、形成地方研究社群、豐富鄉土知識生產等學術取徑與文化經驗，也帶動了各區域的地方學研究風氣〔註53〕，此部分囿於主題及篇幅，植此緒頭，容日後另案專文研究。

　　受到宜蘭縣政府治史經驗最直接影響的，莫過於表現為宜蘭地區各鄉、鎮、市級政府競效的地方史志行動，各鄉、鎮、市級政府紛以重修專史為基礎，纂修地方志。部分專業機關，如農委會羅東林務管理處；及農漁法人團體，如宜

〔註51〕時任台灣省長宋楚瑜，1995 年 8 月 9 日函省轄及各地方政府，參照以任務編組方式於獻立文化中心或公設圖書館附設所屬史館，採集並妥存文獻，編纂史治。陳賡堯：《文化・宜蘭・游錫堃》（台北：遠流，1998 年），頁 125〜128。
〔註52〕參據各博物館沿革介紹。
〔註53〕詹素娟、陳文立：〈回看來時路——從區域研究到地方學的宜蘭經驗〉收於《臺灣史學雜誌》第 13 期，頁 33〜59。

蘭農田水利會、頭城區漁會、蘇澳區漁會皆編纂出版有會志。其中《頭城鎮志》早完成於 1985 年，後聘林正芳為續修總編纂，在舊制體例 12 卷綱目的基礎下，增修具有地方特色如〈搶孤〉民俗等篇章，擴增為 2002 年《續修頭城鎮志》18 篇為上、下冊〔註 54〕。噶瑪蘭廳設治以來即扮演政治中心的宜蘭市，其市志亦由林正芳主持，型式最是呼應縣史編纂方式，以現行宜蘭市之行政區域為範圍，上起原始，下迄 2000 年，架構援引傳統志書綱目，書寫則以專史方式分篇論述且分別出版，計有大事記、歷史、地理、政事、教育、社會生活、產業經濟、宗教、歷史建築、軼聞等 10 篇〔註 55〕為專史系列。位居溪南地區中心地位的羅東，則在 2000 年以標案方式，委託了中華綜合發展研究院應用史學研究所的尹章義、黃明田，主持編纂《羅東鎮志》，內分地理、開拓、住民、政事、行政、經濟、建設、教育、文化、宗教、人物等共計 11 篇，以較傳統方式集中編纂及集冊出版；另輔有在地資深文史工作者白長川所著之《羅東歷史地名尋根》〔註 56〕。以溫泉聞名的礁溪鄉，早於 1994 年即受應了宜蘭治史運動的風潮，編纂出版了《礁溪鄉志》，在溫泉產業從傳統溫柔鄉轉型為健康養生觀光，及雪山隧道貫通引來北宜高速公路人潮的劇變衝擊下，在既反映變遷也更深掘地方生活田野的原則上，在 2010 年委由李心儀及陳世一沿舊志例增修出版《礁溪鄉誌——增修版》，增納劉益昌、陳有貝及邱水金等大竹圍遺址與淇武蘭遺址考古成果；及詹素娟、張素玢、姚瑩、黃叔璥及陳淑均等噶瑪蘭舊社、文化生活研究文獻；漢移民區域變遷、廟宇、舊地名、歲時生活及生命習俗等文化；自然觀光地景等。員山鄉、五結鄉公所未治鄉志，但員山鄉出版有張文義所著人物史《員山百年人物》〔註 57〕；五結鄉編著有《五結鄉鄉史：探尋舊地名》〔註 58〕。若說地方志是漢族群傳統，較特殊的是屬泰雅族原住民的大同鄉，在地方史志的風潮下，也委由族內菁英許炳進編纂出版有《大同鄉志：民族篇》及《大同

〔註 54〕 參據林正芳：《續修頭城鎮志》（宜蘭：頭城鎮公所，2002 年）。

〔註 55〕 參據林正芳：《宜蘭市志——大事記》（宜蘭：宜蘭市公所，2003 年）；及林正芳：《宜蘭市志——教育篇》（宜蘭：宜蘭市公所，2005 年）；李信成主編：《宜蘭市志——政事篇》（宜蘭：宜蘭市公所，2004 年）；蘇美如主編：《宜蘭市志——歷史建築篇》（宜蘭：宜蘭市公所，2001 年）；呂美玉、林英賢、林正芳主編：《宜蘭市志——地理篇》（宜蘭：宜蘭市公所，2001 年）；林正芳：《宜蘭城與宜蘭人的生活》（宜蘭：宜蘭縣政府文化局，2004 年）。

〔註 56〕 尹章義、黃明田：《羅東鎮志》（宜蘭：羅東鎮公所，2002 年）；白長川：《羅東歷史地名尋根》（宜蘭：羅東鎮公所，2003 年）。

〔註 57〕 張文義：《員山百年人物》（宜蘭：員山鄉公所，2004 年）。

〔註 58〕 五結鄉公所編：《五結鄉鄉史：探尋舊地名》（宜蘭：五結鄉公所，2002 年）。

鄉志：經濟篇》〔註59〕，開始了蘭陽原住民族就現今行政區域，參照史志傳統自修地方志的身分省察進程。宜蘭治地方專史流風所及，尚包括日治時期即已形成的相關農漁業組合變遷至今的水利會、漁會及林政機關，《台灣省宜蘭農田水利會會誌》，記載著漢人入墾設治後的土地及水利基礎開發，日治後的蘭陽平原水文變遷、土地改良及農村區域水利系統的社群組合沿革與運作〔註60〕。宜蘭緊鄰太平洋海岸線長達112公里，頭城區漁會及蘇澳區漁會為分屬溪北地區及溪南地區唯一的漁會團體，分別在2003年編行了《頭城區漁會志》及2004年《蘇澳區漁會誌》，其編纂及修史型式以蘇澳區漁會為例，係參照傳統地方志體例，分16篇集冊編纂，惟內容詳實饒富趣味的，以地理篇記錄了港澳形勢、海洋資源及漁業氣象，以歷史篇按政治分期撰述蘇澳漁業史等作為區域漁會背景，進而切入漁會篇介紹組織沿革，漁政篇梳理漁業政策，港灣篇介紹漁村港埠史，漁船篇探討漁捕船械載具的進化過程，漁民篇從空間視角觀看漁業人口族群的流變，漁法篇則詳及漁捕工具及獵捕技法，漁獲篇則分類獵捕區域種類與生態，加工篇則進入漁獲保存及市場文明，人文篇則關注漁民忌諱、信仰及漁村寺廟，另有漁場篇、地景篇、人物篇、法令篇則較屬選擇性雜記，豐富的承載了在地漁村生活文化〔註61〕。而由第一線林務主管所編纂的《太平山林業開發史》及《太平山的故事》〔註62〕等歷史敘事，則起於見證日治時代伐木掠奪記憶的起點，較著重於林業政治、林業經濟及部分的森林生態及林產技術，留存了東台灣第一大林場的文字與影像記錄。

第二節　母語復建與家鄉認知的本土化教育

　　台灣社會住民們的語言使用權狀態常伴隨著政治悲情。日治時期統治者與社會上層以日語為尚，1896年日治總督府公佈「國（日）語傳習所規定」、

〔註59〕許炳進：《大同鄉志：民族篇》（宜蘭：大同鄉公所，2005年）；許炳進：《大同鄉志：經濟篇》（宜蘭：大同鄉公所，2006年）。

〔註60〕台灣省宜蘭農田水利會：《台灣省宜蘭農田水利會會誌》（宜蘭：台灣省宜蘭農田水利會，2001年）。

〔註61〕頭城區漁會：《頭城區漁會志》（宜蘭：頭城區漁會，2003年）；簡浴沂、陳素珍：《蘇澳區漁會誌》（宜蘭：蘇澳區漁會，2004年）。

〔註62〕林清池：《太平山開發史》（宜蘭：浮崙小築文化，1996年）及林清池：〈太平山林業開發史〉（台北：吳三連台灣史料基金會），林清池曾任林務局太平山工作站主任。林鴻忠編：《太平山的故事》（台北：農委會林務局，2006年）。林鴻忠曾任行政院農委會林務局羅東林務管理處長。

「國（日）語學校規則」，並在各地設置國語傳習所；殖民末期太平洋戰爭爆發的 1937 年，「皇民化政策」先從教育體系著手，修改公學校規則廢止漢文科，同時廢止報媒的漢文版，沒收漢文著作，總督府以官方統治權開始力推「國（日）語常用運動」，通令全台官公衙署職員無論公私場合宜用日語，並指示各州、廳致力於全台之國語化〔註 63〕，落實為宜蘭在地的指標性事件，包括起自 1940 年 1 月羅東召開的保甲會議率先禁用台灣語，陸續在 1941 年於宜蘭市開始設置「改姓名促進會」及辦理「國（日）語演講比賽」等〔註 64〕。1645 年戰後國民黨接收台灣後，以「去日本化」及「再中國化」為政治綱領，語言政策的語言同化的設想動機在塑造中華文化與大中國的想像共同體。國民黨政府在台灣的教育資源和傳播權力的分配，形成獨尊北京普通話的語言歧視，「本土語言應有的資源和權利完全被剝奪」〔註 65〕。施正峰即指出禁用方言的剛性手段，「造成本土語言面臨絕種的危機」，使「打倒語言歧視主義，賦予台灣族群語言平等地位，成為語言地位規劃以及語言復振的首要目標」〔註 66〕。1989 年第 11 屆宜蘭縣長選舉，適值曹俊甫所歸納的國語政策「加強強制推行時期（1970～1986）」前夕〔註 67〕，游錫堃在競選縣長時標舉的 13 項政策中，主張「編印宜蘭縣鄉土教材，以激勵愛鄉愛土情操」、「推行母語教育，尊重母語，促進政治和諧」〔註 68〕，實即對當時獨尊國語及中原史觀，壟斷台灣文化領導權所形成的失衡社會結構，所積累的一種抵抗意識與反動力量；也可理解是一介入宜蘭國民中、小學政治社會化（Political Socialization）〔註 69〕教育工程中，用以相對抵拒國家罐裝式政治文化（political culture）的

〔註 63〕台灣文學館：《台灣語言政策大事紀（1895～2007）》及林慶勳：〈臺灣閩南語發展大事記〉收於氏著《台灣鄉土語言教學導論參考資料》，中山大學教師智庫系統。

〔註 64〕參據高淑媛：《宜蘭縣史大事紀》（宜蘭：宜蘭縣政府，2004 年），頁 161～169。

〔註 65〕張學謙：〈母語教育 e 趨勢 kap 基礎概念：拍倒語言歧視建立母語教育〉收於《Taiwanese Collegian》22 期，Denton, TX, U.S.A., 2000。

〔註 66〕施正峰：《台灣客家族群政治與政策》（台北：翰蘆圖書，2004 年）。

〔註 67〕曹俊甫在〈國語政策的過去與未來〉中歸納 1945 年國民政府接管台灣以來，「獨尊國語」政策的實施分為：即〈一〉草創時期〈1945～1969〉；〈二〉強制推行時期〈1970～1986〉；和〈三〉多元時期〈1987～迄今〉等三個時期。

〔註 68〕參據游錫堃參選第 11 屆宜蘭縣長選舉競選海報，1989 年 11 月游錫堃競選總部發行。

〔註 69〕根據藍敦（Langton, 1969）的定義，政治社會化是社會將政治文化由上一代傳到下一代的過程，也就是經由各種不同的社會化機構學習與政治有關的態

一個集體再社會化（resocialization）〔註70〕的文化認同廓清過程。

一、母語教育政策的形成

　　1989 年游錫堃初次競選宜蘭縣長時，即提出了「編印宜蘭縣鄉土教材，以激勵愛鄉愛土情操」和「推行母語教育，尊重母語，促進政治和諧」的高敏感且復抵抗精神的政治訴求，倡議平反鄉土文化及伸展本土情懷，藉以尋求政治競逐上的勝出。游錫堃就任後，一方面承繼陳定南第 10 屆縣長任末，委託台灣大學地理學研究所張長義執行「宜蘭縣國民中小學鄉土教材編寫與施教活動設計──地理篇」，一方面以語言生活性及傳播性之迅即影響，主張本土語言先行，且一改陳定南委託域外學術機構捉刀擔綱的作為，1990 年 2 月，初就任即責成縣教育局籌備鄉土教材編輯及母語教育。

　　劍及履及的禮聘已具本土文學聲望的縣籍作家黃春明，為「宜蘭縣推行本土語言編輯委員會召集人」，擔綱教材編撰與課程規畫等統籌本土語言教育先其準備工作。1990 年 2 月 12 日黃春明隨即召集「宜蘭縣推行母語第一次座談會」，並邀來語言學者洪惟仁，縣籍碩儒方坤邕、林朝成、黃文動及教育行政主管等與會。對於課程稱以「母語」，黃春明認為「推行雙語教育或鄉土教材，應界定在文化和教育層面，不能成為政治情緒的反彈」，主張應以較中性的「本土語言」一詞替代「母語」俗稱；游錫堃表示「統一的語言是必要的，但不能以消滅方言為手段」；方坤邕則認為「母語」是即「祖先說的話，不是指母親的母」，且指出「閩南語早期叫做『河洛話』，河洛即是指黃河、洛陽一帶」是祖先「留下來正統的中原話」；周家安呼應「改為『河洛話』」應可

度及行為模式的歷程。艾蒙（Almond, 1960）則說明政治社會化是社會化的一種，最後對政治體系達成一組認知、態度和情感。傅曉芬指出政治社會化具有是政治知識、態度、價值和行為的學習，或者說政治學習；也是一種長期學習累進的過程等兩特點。林清江歸納指出：政治社會化是個人接受各種社會期望及文化規範的影響，形成其獨特政治價值觀念及行為型態的過程；若從另一角度界定，一個社會或國家藉各種不同的社會影響力量，培養其社會成員政治價值及行為，以便形成某種政治文化（political culture）的過程，亦稱為政治社會化。林清江：《教育社會學新論──我國社會與教育關係之研究》（台北：五南出版，1998 年）。

〔註70〕彭懷恩（1996）認為：再社會化（resocialization）是社會化的一種形式，係指一個人在一種與他原有經驗不同規範與價值的環境裡，重新社會化的過程，必須重新學習價值、角色及行為，它能導致與先前社會化過程不一致的新價值觀和行為。彭懷恩：《社會學概論》（臺北：風雲論壇出版社，1996 年）。

減少泛政治的排斥說詞〔註71〕，最終達成了以「本土語言」一詞替代「母語」為課程稱號。

在黃春明召集下的委員會，在縣教育局及諮詢團的協力下，逐步於 1990 年 5 月 23 日產出了母語教育的底定政策——《宜蘭縣推行鄉土教材（本土語言篇）實施計畫》。設定「在推行國語、統一語言的前提下，兼顧本土語言之傳習」並達成學生「能以本土語言表達情意」傳習鄉土文化，「愛鄉土」、「愛國家」為教學目標，自組教材編輯團隊，採公開徵稿及編寫並進的編輯政策〔註72〕。同時以恢復學童本土用語空間與聽、語環境，用以「復健」生活文化中的「本土語言失語症」為要旨，搭配本土語言教材編輯及課程規畫，擬定了〈宜蘭縣本土語言教學要旨〉作為教學現場的實踐框架，在自主教材未完成前暫取部定「國語」課本單元，先予轉化為本土語言教學媒介；初期以本土詩詞、童謠、民謠、民間故事及諺語等養成國中、小學生本土語言表達為主，教材閱讀與朗誦能力為輔；創造表演、比賽、討論、遊戲、教唱等自然表達機會，避免傳統考試評比，形成壓力與反感；採用在地漢儒自編之注音符號、漢字借音、意譯、漢字反切及羅馬拼音等方法解讀，克服本土語言「有音無字的困擾」〔註73〕，開始了以國民小學一年級到國民中學為授與對象的本土語言教育起始階段。

二、鄉土主義與中心主義的衝突與解構

1990 年 6 月 25 日游錫堃按《宜蘭縣推行鄉土教材（本土語言篇）實施計畫》首函所轄各級教育機構「開放語言學習環境，不得限制學生使用本土語言交談」，停止執行中央政府國語政策中不合理的「禁說方言」的政策，1990 年 10 月 13 日再令師長不得「禁說方言」，尤禁止藉以非理處罰學童。為開發新語言政策著根的基礎土壤，有效抵抗中央政府部定的國語課程綱要，徹底解構國家語言霸權，定位 1990 年 11 月迄 1991 年 1 月為「實驗期」，擇各鄉鎮各一所國民中學及國民小學為地區實驗學校，施予教師教學法及課程方案

〔註71〕參據宜蘭縣政府 1990 年 2 月 12 日〈宜蘭縣推行本土語言教育第一次座談會會議紀錄〉。

〔註72〕《宜蘭縣推行鄉土教材(本土語言篇)實施計畫》，收於 1991 年 3 月 11 日「《「宜蘭縣推行鄉土教材（本土語言篇）——國民中小學校長暨教務（導）主任研習會」研習手冊》，未出版。

〔註73〕參據宜蘭縣推行鄉土教材（本土語言篇）教材編輯委員會：〈宜蘭縣本土語言教學要旨〉，1990 年，未出版。

組訓，舖陳先行試點，以漸進行動回應觀望疑慮，累積情境體察與因應能量。1991 年 2 月新學期，本土語言於是全面進入體制內常態教學，要求所轄國民小學，每週自教育部所定「國語」課程時間，調挪一節次教授本土語言；國民中學部分，則務實遷就升學聯考競爭壓力，妥協選擇於週「團體活動」課程中編成「本土語言教育組」，置入本土語言進階課程。

　　為使宜蘭母語教育，不致陷落為類似「獨尊國語」的河洛語沙文主義的爭議，在《宜蘭縣推行鄉土教材（本土語言篇）實施計畫》中即揭示了「本土語言之教學除以閩南語為主之外，應兼顧其他鄉土語言」的基本平衡原則，在標舉多元語言文化價值的大纛中，游錫堃接續於 1991 年 7 月，坐鎮邀集大同及南澳等兩泰雅族原住民鄉鄉長、部落領袖與教育工作者，協商比照閩南語教學之教材編輯及課程規畫〔註 74〕，執行泰雅語作為縣內第二大語群的本土語言復健。位屬第三大的客家語群教學，也在 1993 年 10 月邀來客屬會宜蘭縣分會偕同籌謀客家語教學，但因「但宜蘭最多的客家並不是從廣東過來的，而是從福建，也就是閩籍，特別是所謂的「漳州客家」，從漳州搬過來的客家人」〔註 75〕，入墾宜蘭後常形成閩、客混居無完整客家聚落的狀態，分布於礁溪、員山、三星、冬山、大同及雖屬蘇澳鎮卻臨近南澳原住民鄉海側等地區，客家母語運用環境更遜於閩南語及泰雅語，1994 年於是僅選擇性的擇定了羅東鎮北成、三星鄉憲明及三星、蘇澳鎮蓬萊等國小，與三星國中及南澳國中等，比照閩南語客程試辦試教。原為蘭陽平原主人的噶瑪蘭族，因漢族入侵壓迫而大量遷徙花蓮、台東，為完成多元族群語言權平等的象徵，1996 年宜蘭縣政府邀來因抗爭要求國家增列「噶瑪蘭族為臺灣第十一族原住民」而知名的花蓮豐濱噶瑪蘭族後裔偕萬來〔註 76〕，商議於其祖居之宜蘭壯圍鄉貓里霧罕之噶瑪蘭舊社附近，即壯圍鄉公館國小教習噶瑪蘭語，惟道途遙遠、無在地講師替代，復因噶瑪蘭族語及其生活文化幾乎滅失於宜蘭，乏學習動機之族裔，迅即難以為繼，相對於閩南語族系對母語語言權的抗爭倡

〔註 74〕陳賡堯：《宜蘭・文化・游錫堃》（台北：遠流，1998 年），頁 66～68。

〔註 75〕參據邱彥貴：〈宜蘭客家研究綜論〉收於《宜蘭文獻雜誌卷期》第 71～72 期，2005 年，頁 59～90。

〔註 76〕偕萬來為貓里霧罕噶瑪蘭舊社頭目之後，該舊社係受加拿大傳教士馬偕蘭楊傳教影響的宜蘭地區第一個接受基督長老教洗禮的噶瑪蘭族聚落，因而取漢姓為「偕」。祖先徙居花蓮豐濱鄉的偕萬來為族群正名奔波訴求，行政院終於在 2002 年 12 月 25 日由正式宣布噶瑪蘭族為臺灣原住民第十一族，偕萬來也因此獲稱「噶瑪蘭族之父」。

議，噶瑪蘭族語言文化終難逆轉的不復存在，令人不勝惆悵惋惜。

三、故鄉認知、鄉土意識的深化

　　盤整宜蘭地方鄉土基礎知識的緒頭起於陳定南第 10 屆縣長任末，當時已委託台灣大學地理學研究所張長義，執行「宜蘭縣國民中小學鄉土教材編寫與施教活動設計——地理篇」的田野調查及教學準備。適巧銜接了急著兌現本土化政見的游錫堃，承繼了陳定南已定的鄉土地理基調之外，另闢「本土語言篇」為優先的鄉土教學領域，已如前段所述，在就任未滿 3 個月內的 1990 年 2 月隨即組成在地菁英為主的「宜蘭縣推行本土語言編輯委員會」，廣諮周詢的於同年 5 月發布了《宜蘭縣推行鄉土教材（本土語言篇）實施計畫》。緊接間雜其間的 1990 年 4 月，游錫堃召集了「宜蘭縣推行鄉土教材（歷史篇）第一次座談會」，投入在地文史甚早的陳進傳及周家安等主導宜蘭縣史重修的「文獻小組」等 11 位資深教師，扮演編輯顧問身分，受聘組成「宜蘭縣推行鄉土教材歷史篇諮詢小組」以司提綱契領，另由國中、小歷史教學現場受推薦的 9 名教師，組成「宜蘭縣推行鄉土教材歷史篇編輯專案小組」擔當撰編實務〔註77〕。

　　面對編輯宜蘭歷史教材前無援例及系統性採集縣內各歷史範疇資材需求的龐雜艱鉅下，編輯會議激盪中遂共鳴以號召縣內各中、小學競賽縣史主題提案方式，協力襄贊縣版教材編輯。縣政府因而形使行政權，訂頒了〈宜蘭縣國民中小學鄉土教材歷史篇編撰競賽辦法〉，以補助及人員功過評核為後盾，強制性的要求各國中及規模 12 班以上國小，均應遴選編撰人員或組立「歷史教材編輯小組」，就所在區域之地名沿革、史蹟文物、歷史事件、民間傳說、人物專題、風土民情、戲曲藝術及社會經濟等為鄉土歷史教材範圍參與提案競爭。〔註78〕同時於 1990 年 10 月間分區辦理歷史編撰教師研討會，授與方法論及編輯實務，建構協力互動平台〔註79〕，「宜蘭縣推行鄉土教材歷史篇編輯專案小組」在蒐集整合了各校競提的鄉土歷史教材主題初稿後，由周家安、

〔註77〕陳賡堯：《宜蘭‧文化‧游錫堃》（台北：遠流，1998 年），頁 66～68。
〔註78〕宜蘭縣鄉土教材歷史篇編輯專案小組、諮詢小組：〈宜蘭縣國民中小學鄉土教材歷史篇編撰競賽辦法〉收於《宜蘭縣國民中小學鄉土教材歷史篇編撰教師分區研討會研習手冊》，1990 年，未出版。
〔註79〕宜蘭縣鄉土教材歷史篇編輯專案小組、諮詢小組：〈宜蘭縣國民中小學鄉土教材歷史篇編撰教師分區研討會實施辦法〉收於《宜蘭縣國民中小學鄉土教材歷史篇編撰教師分區研討會研習手冊》，1990 年，未出版。

邱水金、徐惠隆、陳財發、潘寶珠等……任教國中之前「文獻小組」成員擔任編撰委員成稿，送陳進傳、王啟宗、黃秀政復審後發行。1993 年 8 月編成《蘭陽歷史》教材共六章，第一章以〈認識我們的歷史舞台〉，談地名及行政編制之溯源與變遷；第二章以〈族群文化互動的社會〉，探討史前以來蘭陽族群的先來後到與互動；第三章以〈宜蘭歷史的發展〉，以漢人史視野介紹大清設治前後、日治及光復後之政治社會史；第四章以〈社會經濟的變遷〉，介紹交通、水利基礎及地方發展鬥爭的社會經濟事件等；第五章以〈教育事業與藝文活動〉，回顧地方教化教育進程、文風藝術源流，本地歌仔、北管和魁儡戲等傳統曲藝，民間信仰與二龍競渡、頭城搶孤等地方特有民俗；第六章以〈鄉賢遺澤與史蹟文物〉，進入吳沙、楊廷理、陳輝煌、楊士芳、蔣渭水、郭雨新等地方人物史，並介紹較具代表性的古碑、歷史建築等文化資產〔註80〕。

　　牽涉宜蘭國民中、小學教育環節中故鄉認知的另一主要範疇為《蘭陽地理》的鄉土教育，陳定南委託台灣大學地理學研究所外部專家為主，納編在地教師代表劉秀滿、何玉英及黃瑞珠等為輔，歷經在地田野踏勘、基層教師座談，並參與鄉土教材本土語言篇、蘭陽歷史篇、蘭陽地理篇各編輯小組之編輯協調會，在 1991 年 9 月提出了《「宜蘭縣國民中小學鄉土教材編寫與施教活動設計——地理篇」期末報告》，彙報教材籌編過程及教材編輯構想結構之形成〔註81〕，1991 年 10 月則完整提出了編輯完成的教材與活動設計初稿共 14 章〔註82〕，直至 1992 年 9 月編定出版擴增為 17 章。第一章至第六章，分別介紹宜蘭的〈地理位置與行政區〉、〈地質與地形〉、〈海洋與島嶼〉、〈氣候〉、〈河川〉、〈土壤與水土保持〉等區域基礎條件與所在特質，第七章至第十一章，則以〈台灣的生態環境〉、〈高海拔生態環境〉、〈中低海拔生態環境〉、〈河口海岸生態環境〉及〈生態特色與自然保育〉等細部人文地理概念用力強調環境意識與生態資源系統，第十二章至第第十七章，則回歸到蘭陽平原的〈資源與土地利用〉、〈人口〉、〈產業與交通〉、〈聚落〉、〈環境災害〉及〈區域發展〉〔註83〕等人群生活情境及環境規畫、環境保護、風險控管及區域策略與

〔註80〕宜蘭縣政府：《蘭陽歷史》（宜蘭：宜蘭縣政府，1993 年）。
〔註81〕張長義：《「宜蘭縣國民中小學鄉土教材編寫與施教活動設計——地理篇」期末報告——工作執行報告部份》（台北：台大地理學研究所，1991 年 9 月）。
〔註82〕張長義：《「宜蘭縣國民中小學鄉土教材編寫與施教活動設計——地理篇」期末報告——教材與活動設計部份》（台北：台大地理學研究所，1991 年 10 月）。
〔註83〕宜蘭縣政府：《蘭陽地理——鄉土教材》（宜蘭：宜蘭縣政府，1992 年）。

共生共榮等空間治理課題。

宜蘭鄉土教學在本土語言、蘭陽歷史及蘭陽地理等三角鼎立，教材編輯、課程規畫及教學執行等紛紛到位後，在宜蘭台灣戲劇館、國立宜蘭傳統藝術中心、縣立蘭陽戲劇團，及歌仔戲薪傳計畫紛紛設置或啟動等等地方民間文化氛圍中，游錫堃復以民俗戲曲及鄉土藝術造型傳承之不可或缺，1995 年 11 月要求教育局評估增編鄉土音樂教材，1996 年 7 月委託任教靜宜大學的林茂賢展開調查與編輯，1997 年 6 月在包容編納以噶瑪蘭歌謠〈懷念故鄉〉為首，接續泰雅族〈見面歡迎歌〉表示尊重多元文化，再續編入漢族群移墾以降的各式歌謠及本地歌仔戲、北管、南管及車鼓樂等在地人文背景與集體記憶〔註84〕。鄉土藝術造型教材的部分，則遲於 1997 年 9 月始委託卸下行政院文建會副主委，時任仰山文教基金會的執行長陳其南領銜擔綱，其編輯成果《宜蘭縣鄉土造型藝術活動手冊》，也終於在 1999 年出版，作為傳統造型藝術傳習的主要媒介〔註 85〕，完備了宜蘭鄉土教育中民俗曲藝與手作民藝相對柔軟的一塊拼圖。

四、宜蘭本土語言與鄉土教育行動外溢的影響

宜蘭系統性的省察遭輕忽的家鄉生活質素，調查既存瀕危的生活語言、民俗藝術及經洗煉的地方時間與地方空間，予以物質化編撰而為國民教育題材，一方面逐步完備了地方基礎知識體系，開展了屬於宜蘭本土化教育的特質與地方社會經驗，直接的叩問了宜蘭社會「我是誰？」，同時間接的輕啟了台灣社會「我們是誰？」的批判意識，國家至上的集體主義，及自我邊陲化不看中腳下生活鄉土的唯中心主義，於是在宜蘭及部分響應執行的相關縣市經由鄉土教育的社會行動，讓生活家園的意識及價值情懷，實踐而為可觀看體察的社會事實。影響了此期間中央國家的語言政策，發散而為台灣社會語言政治與文化政治的典範轉移，及論述中心主義與地方主義相對不同意識形態的消長，甚或逆轉了鄉土文化在台灣的社會價值與認同定位。其佐證地方社會與中央國家爭執協商地方文化自治權，所形成的因抵抗而解構及再結構的可考察變遷如下：

宜蘭「推行本土語言教育計畫」在 1990 年 2 月出爐後，隨即於 4 月協同

〔註84〕林茂賢：《宜蘭縣鄉土音樂教材》（宜蘭：宜蘭縣政府，1999 年）。
〔註85〕陳其南：《宜蘭縣鄉土造型藝術活動手冊》（宜蘭：宜蘭縣政府，1999 年）。

中央研究院歷史語言研究所在該院邀集各方舉行「本土語言音標研討會」，聯合各縣市中研院母語教學，同年 6 月宜蘭縣復邀台北縣等 7 個非執政黨（國民黨）執政縣市，假中央研究院舉行「本土語言教育問題研討會」，也促成民進黨及部分縣市長開始著手編製該縣市之鄉土教材或本土語言教材，並通令所屬國中小配合教學〔註86〕。

　　當宜蘭縣推行本土語言委員會初始嘗試推動鄉土教學時，遭遇了教育部部定課程的剛性規範，難以介入調整課程科目、教學內容及授課時數等。該課程標準為戰後教育部為因應於大陸開始行憲後的時勢，自 1947 年所重新修訂的國民中小學課程標準，其後敗退台灣，1952 年為「配合反共抗俄國策，加強民族精神教育」局部修訂課程標準，中學的國文、歷史、地理、公民等四科教科書由政府主編統編本，展開了台灣教材一元化的制度性結構，1962 年、1971 年、1983 年分別修訂，使國家民族意識、民族精神及文化道統等潛在價值的灌輸成為教育核心訴求〔註87〕。固著化的部頒國民中小學課程標準設定，使得宜蘭縣推行本土語言委員會只得暫標訂 1990 年 11 月到 1991 年 1 月，為宜蘭鄉土教學的「實驗期」，作為抵抗國民教育場域中既有政治社會化結構的過渡階段，另同時循政府體制函文教育部，爭執協商尋求賦予鄉土教育課程施展彈性〔註88〕。教育部對相關陳述則在辯護既定教育政治結構中復稱「世界各國均有代表國家之共同語言，以顯示國家尊嚴與民族文化共同特徵。」，並周延立場指出「政府對各地方言，並未禁止。民眾可由日常生活中學習各種方言。至於現有之語言政策，經國小課程總綱修訂小組的研議，認為在國民教育階段，應以建立國民之文化與語言為首要，國小教師應以『國語』教學，有興趣研修各地方言之學生，可利用課外時間研習。」〔註89〕，顯示了官方中心語言主義並未鬆動。

　　在當時台灣社會解嚴後社會解放氣息濃厚，積壓之社會力鬆脫迸出為各種主張開放進步改革議題的旺盛社會運動，1993 年教育部在回應各方紛至沓

〔註86〕 吳耀明、馮厚美：〈鄉土語言教學政策形成與實施現況訪談分析〉發表於《屏東教育大學學報》第 26 期，2007 年。頁 45～46。

〔註87〕 蘇雅莉：〈高中國文課程標準與國文課本選文變遷研究（1952～2004）〉（台北：國立政治大學國文教學碩士在職專班學位論文，2004 年），頁 13。

〔註88〕 陳賡堯：《宜蘭‧文化‧游錫堃》（台北：遠流，1998 年），頁 63～64。

〔註89〕 吳耀明、馮厚美：〈鄉土語言教學政策形成與實施現況訪談分析〉發表於《屏東教育大學學報》第 26 期，2007 年，頁 46。

來的抗爭壓力下，終於宣佈「在不妨礙推動國語的前提下，讓中小學學生依興趣及需要」，可以選修方式學習閩南語及客家話，母語教育至此列入中小學正式教學範疇，並進一步修訂國小、國中課程標準，明定「國民小學鄉土教學分鄉土語言、鄉土歷史、鄉土地理、鄉土自然、鄉土藝術五個類別」〔註90〕，其鄉土課程類符宜蘭「本土語言」、「蘭陽歷史」、「蘭陽地理」、「鄉土音樂」及「鄉土造型藝術」編輯範式影響。1994 年教育部除再頒布「國民小學鄉土教學活動課程標準」，以增進鄉土歷史、地理、語言和藝術等知識為總目標，並在這一系列閩南語及客家語等漢族強勢方言運動，解構了既有語言權力體系後，繼續了如同宜蘭復健泰雅族語言經驗一般，公告了原住民語言音標系統。

　　1997 年 9 月教育部正式編輯提供國民中學一年級新生使用的《認識台灣》首冊鄉土教材，通識性的臺灣鄉土知識開始成為全國性體制內學習課程。再者，一如此前宜蘭為克服閩南語有音無字難以標準化傳習，宜蘭本土語言教材編輯委員會率而研發創造通行宜蘭的閩南語音標系統的經驗，教育部亦循此傳習軌跡於 1998 年同時公告使用了臺灣兩大強勢方言的「臺灣閩南語音標系統」、「臺灣客家語音標系統」〔註 91〕，為搶救閩南語及客家語音韻中所承載的生活文化與文化意義系統，建構了有力的方言復健條件。本土語言傳習的社會意識，在此一階段伴隨著台灣社會更厚重的教育改革中心議題，進入了國民中、小學九年基礎教育課程，知識脈絡與課程領域廣狹及難易漸進應整合一貫的熱烈對話，教育部在 2001 年公告開始實施「九年一貫課程」作為公權力對社會力的具體回應，更可貴的是在此變遷結構中，鄉土語言的傳習教學已允然晉身廟堂納入正式課程之中，在教育體制中取得了方言傳習的正當性，也在臺灣實踐了自日治以來，各階段「國語政策」霸權框架下的語言文化正義。2002 年教育部終於以國家力量開始全面於國小實施母語教學。2003年教育部「國語推行委員會」更進一步的在全球化及文化多元化的開放價值觀中，尋求語言文化權的法定平等地位，草擬推動「語言平等法草案」〔註92〕，

〔註90〕吳耀明、馮厚美：〈鄉土語言教學政策形成與實施現況訪談分析〉發表於《屏東教育大學學報》第 26 期，2007 年，頁 45。
〔註91〕台灣文學館：《台灣語言政策大事紀（1895～2007）》及林慶勳：〈臺灣閩南語發展大事記〉收於氏著《台灣鄉土語言教學導論參考資料》，中山大學教師智庫系統。
〔註92〕台灣文學館：《台灣語言政策大事紀（1895～2007）》。

一直到 2017 年 3 月行政院文化部繼續接手以公聽會推動「國家語言發展法草案」〔註 93〕。臺灣社會尋求解放方言使用權制壓桎梏的過程中，或有部分過激的政治力量或激進的意識形態，讓識者憂心臺灣文化政治中，是否歷史法則循環式的醞釀著新的文化沙文主義，耽憂著文化領導權的掌握者，在泛政治性的激情激盪過後，個別優勢語言的用語族群，可能報復性或獨尊性的形成自命正朔的新文化霸權，再度戕害語言人權及文化多樣性的人文價值；但可確認的是宜蘭推動母語教學的柔性文化抵抗伊始，是溫潤包容的，其所賴以論述的語言平權及理性可親的素樸旨趣，恰可從宜蘭一路走來的母語教學指導性綱領，即《宜蘭「推行本土語言教育計畫」》〔註 94〕的歷史文字中獲得中性佐證，或許此一理性可親的素樸旨趣的本質，會是宜蘭外溢經驗中更為深刻且更值得藉以省察的一環，而多元包容的文化主張也已是行政院文化部「國家語言發展法草案」刻正論述的文化價值。

第三節　庄頭生活場域的回歸——以白米社區總體營造為例

　　台灣推動社區重建，繫乎地域性、組織性、歷史性、文化性所整合形構的認同感。先有 1960 年代「社區發展」實務理念和政策推動，1994 年時任文建會（今文化部）副主委的人類學家陳其南提倡「社區總體營造」〔註 95〕的新概念，自此逐漸成為政府地方文化政策及民間社會回歸鄉土、關注生活環

〔註 93〕行政院文化部：〈文化部積極推動「國家語言發展法」期完備法制基礎，促進多元語言發展〉，2017 年 4 月 8 日發布新聞稿及翌日自由時報、聯合報相關報導指出：文化部已就該法草案全國北、中、南、東、離島等地辦理 6 場公聽會，2017 年 4 月 8 日於臺中教育大學所辦理第 7 場次全國性公聽會，希望聯合國列入母語滅絕危機地區的臺灣，能建構彼此尊重欣賞、相互包容的多元語言永續發展環境。

〔註 94〕參據《宜蘭縣推行鄉土教材（本土語言篇）實施計畫》，收於 1991 年 3 月 11 日「《宜蘭縣推行鄉土教材（本土語言篇）——國民中小學校長暨教務（導）主任研習會」研習手冊》；暨宜蘭縣推行鄉土教材（本土語言篇）教材編輯委員會：〈宜蘭縣本土語言教學要旨〉，1990 年。均未出版。

〔註 95〕「社區總體營造」在倡導居住在同一地理範圍內的居民，持續以集體的行動來共同面對社區的生活議題，解決問題同時也創造共同的生活福祉，居民彼此之間以及居民與社區環境之間建立起緊密的社會連繫，此一過程即稱為「社區營造」，簡稱「社造」，參據蔡季勳主編：《臺灣社區總體營造的軌跡》（臺北：行政院文建會，1999 年）。

境的運動主軸，影響深遠。在台灣社區營造工作實務中，首先最著重的便是社區民俗文化的保存、傳承與活化，社群成員透過社區組織化的公共平台激盪、調查盤點社區中既有民俗文化資本，凝聚共同體意識與社區民俗化的營造策略與行動方案，在「點寶」〔註96〕確定社區優勢特質條件後，經由分工復建再現社區民俗文化熱點的「重建寶（造寶）」條件準備工作，藉民俗展演重現的過程與活動，達到對內對外「獻寶」及「炫寶」的共同體認同感，各社區激盪團隊回顧社區空間與生活記憶中最豐厚的文化資本，也極大部分是積累於日常生活中的生活民俗、經濟民俗、信仰民俗及傳統藝能等等。

一、生活空間、記憶與村落重建的變遷趨勢

承前揭各章所論，宜蘭「文化立縣」策略意識初萌時期，1991 年宜蘭縣在游錫堃主政下，策畫了尋求宜蘭身分回歸及庶民集體記憶情感的「開蘭195週年紀念日」一系列活動〔註97〕，進而更理念清楚的在 1995 年規畫 1996 年的「開蘭 200 週年紀念日」系列實踐方案時，配合當時行政院文建會在陳其南副主委主導「1995 年全國文藝季」大轉型由地方主導策辦的上位政策背景，明訂「奠定宜蘭社區總體營造良好基礎」為「開蘭 200 週年紀念日」強化「土地認同」策略的地方社會行動範疇〔註98〕。在此綱領指導下，宜蘭縣政府從民俗主義出發作為「再造別有天」的社區營造主題，擇定了礁溪鄉玉田社區為展演場域，援以宋江陣武術傳練、舞獅等漢族群聚落保衛之民俗傳統及玉田媽祖玉鼎慈天宮民間信仰場域為中心，設定宜蘭縣參與 1995 年「全國文藝季」策展主題名稱為「玉田弄獅」〔註99〕，同時係以民俗復振作為宜蘭地方文化治理核心之濫觴。在非常短暫的時間以社區民俗資本的非語境演出，高度動員了社區參與能量，有效爭取了公部門資源挹注，贏得了社區聲望；順

〔註96〕「點寶」，即社區集體盤點確認聚落生活中有關人文資源、自然環境及經濟生產等累積或既有特質或亮點，作為社區核心發展核心質點之謂。「重建寶（造寶）」，即就社區共識歸納之「寶」進行文史考證調查、復建及推廣解說人員之培力的過程；終於達到內可以凝聚社區自信與向心，外可以表（展）演社區面孔與優勢差異性的「獻寶」及「炫寶」。

〔註97〕以 1991 年 10 月 16 日漢人吳沙 1796 年率武裝墾團入蘭 195 週年為詮釋修辭，舉辦了例如祭吳沙、復辦搶孤、噶瑪蘭人尋根等，詳如本研究第二章細論。

〔註98〕宜蘭縣政府 200 年推行委員會：《「宜蘭紀念日」200 週年系列活動》（宜蘭：宜蘭縣政府 200 年推行委員會，1995 年 12 月 29 日，未出版）。頁 3〈第陸章：活動架構圖〉。

〔註99〕參據高淑媛：《宜蘭縣史大事紀》（宜蘭：宜蘭縣政府，2004 年），頁 405～410。

此之勢在縣政府倡導及玉田社區形成行動組織等條件後，正式揭開了宜蘭社區總體營造的序幕，也激發了地方各村落的競逐效應〔註100〕；更觸發行政院文建會迅即頒布了全國推行社區總體營造方案的總計畫，踏出了台灣社區總體營造的第一步〔註101〕。

　　1996 年 2 月宜蘭縣政府透過策辦「歡樂宜蘭年」大型年俗活動的表演舞台，集結了全縣 12 鄉鎮市的 14 個社區同場展演熱身，創造了宜蘭社區營造的切磋平台〔註102〕，也提供了 1996 年 5 月，縣政府續在文化立縣的施政軸線上，指標性的大規模策辦了漢族群入蘭拓墾 200 週年的「宜蘭紀念日」〔註103〕，作為蘭地漢族群尋索身分重建及主體性的地域論述基礎。翌年（1997）3 月縣政府進一步與行政院文建會整合承辦了「全國社區營造博覽會」，推出縣內十個種籽社區於宜蘭運動公園博覽會場進行社區民俗展演，並與全國 15 個代表性社區結盟〔註104〕，邀來日本、美國、德國社造成功社區一同開展了經驗交流管道；宜蘭縣境內的民俗性、文化性的社造案於焉展開，白米社區以展演木屐工藝民俗為核心策略的社區重建行動，於是在這一社會改造的浪潮中站上了浪頭！本節筆者從前述理解端看「白米甕」村落臉譜的前世今生為例，意圖藉由個案社區的縱切觀察，探討宜蘭社區生活空間的回歸。

二、白米漢人社會與聚落的形成

　　個案研究案例中的白米社區，作為一個位於宜蘭縣蘇澳鎮山麓的鄉下村落，邊陲區位及衰微的初級礦石產業，留下的是採礦 50 餘年後的地景斑駁及少壯菁英急遽出走城市的幽嘆前景。長久以來未被宜蘭社會普遍認識，全盛時期曾群聚 20 餘家礦石加工廠掌握全台超過 80%白石基礎料源的後工業小區，落塵餘灰後更是一如偏鄉小村般的自我遺忘、同時遺忘自我。在台灣社會望向鄉土生活世界的典範轉移揭序中，少壯村落中人返鄉啟動了尋索身分

〔註100〕何志龍等：〈現階段地方社區總體營造操作過程——以宜蘭市梅洲社區為例〉。
〔註101〕陳賡堯：《文化‧宜蘭‧游錫堃》（台北：遠流，1998 年），頁 309。
〔註102〕參據高淑媛：《宜蘭縣史大事紀》（宜蘭：宜蘭縣政府，2004 年），頁 415～423。
〔註103〕原稱「開蘭紀念日」，因有籌備委員邱水金質疑「開蘭」用詞為漢人沙文主義，後修為「宜蘭紀念日」之中性名稱。
〔註104〕仰山文教基金會：《全國社區總體營造博覽會記事》（宜蘭：宜蘭文化中心，1997 年）。及黃錦峰：〈宜蘭縣社區營造的軌跡——一場社會運動的檢視與價值論述〉，收於《「96 年度宜蘭縣社區營造中心」社造論壇——宜蘭的共同未來—社造‧生活‧永續》（宜蘭：仰山文教基金會，2008 年）。

歸宿的村落再生進行曲，1993 年居住白米的社群少數先行醒覺者，在任職於宜蘭縣政府環保局的村落年輕子弟林瑞木，毅辭公職投入「白米社區發展協會」的籌組及運作行動後，跨出了改變村落命運的關鍵一步，以集體的願力與聚落層累的木屐傳統為凝聚社區意志的民俗資本，進一步借用了公營台灣肥料公司廢棄的員工宿舍改建為「白米木屐館」作為社區博物館的民俗語境空間後，演繹了當代木屐民俗文化創意產業，再結構化了社區重建翻轉的條件，於是社區中的人群、民俗資源及生活空間取得了整合創生的契機，轉換陋村為另類具鄉土認同感及當代療育氛圍的閒適鄉間村落。

　　白米社區為蘇澳西南山麓小村，即宜蘭縣蘇澳鎮永春里行政轄區，東南方靠砲台山西麓，西臨中央山脈外，另三面分由小帽山、白石山、猴椅山環抱，東臨太平洋之海岸線長達三公里，南與泰雅族原住民東澳部落交界，白米溪與猴猴坑溪穿流匯入蘇澳溪經蘇澳港入太平洋。雖臨近蘇澳港、蘇花公路、北迴鐵路等交通動線，但日治以來興盛的石灰石、石粉加工及水泥廠等礦石工業快速式微，居住人口由 1990 年的 1071 人劇降到 2013 年的 737 人，人口流失減少比率高達 31.18%；目前人口結構中 60 歲以上佔比高居 23.5%〔註105〕，屬於鄉村社會中超高齡的傳統聚落。

　　清代時期「白米甕」的舊稱僅指當今永光里全部及長安里之局部，1901年日治以自然地形之完整查定擴及當今之永光、長安、永春及永樂等，均泛稱「白米甕」。當今因永春里範圍最大又位於地形核心地帶，同時受限於政府社區立案應與行政區相符之慣例，所稱白米社區實即永春里範圍〔註106〕。至1859 年（咸豐 9 年）漢人墾地已臨白米甕以南，就漢人當時入墾噶瑪蘭移民的情勢，白米甕地區連結東澳及南澳一帶，在 19 世紀末之前仍受限於泰雅族原住民捍衛傳統獵區的強力抵抗。直至 1874 年（同治 13 年）日本藉牡丹社事件興兵東台，觸發清廷警醒，一改消極不治理東台灣的態度，轉而積極推進「開山撫番」的因應政策，清廷派遣官兵同時修築通往台灣後山（花蓮及台東）的北、中、南三路。是年 6 月台灣道夏獻綸承軍令率 1300 兵，併募 200伐木工，取道白米甕逐步侵入東澳、南澳，7 月當時福建陸路提督羅大春另率兵營，負責開闢北路。羅大春著手「後山北路」約 3 公尺寬的軍事通道開闢工程以為軍事防禦，半年後貫通白米甕、東澳、南澳到今日花蓮縣秀林鄉之

〔註105〕參據蘇澳鎮戶政事務所及宜蘭縣政府統計分析資料。
〔註106〕參據蘇澳鎮志政治篇第二章，頁 239～248。

清水斷崖的奇萊之路，今稱蘇花古道。沿線駐軍，是為漢人最早進入此區之初始，形成一隘墾屬性的聚落。開闢後山的系列政策，清廷駐軍設隘助墾，也形成了此間漢人聚落，1897 年 10 月日治人類學家伊能嘉矩自羅東進入蘇澳調查，在其田野日誌中旁證了漢人聚落形成的事實與規模，惟僅及街區並未深入隘墾之白米地區。其後參據施添福對 1904 年間白米甕地區家戶及姓氏分布調查的結果顯示，入墾此間的成員包括多達 34 個姓氏，是一遷自各地之雜姓村，其中游、林、李、陳、張依序為前五大姓氏，佔總戶數 48.13％〔註 107〕。今日在白米社區周邊仍有多處清兵古墓考證，白米社區（永春城）為噶瑪蘭之南境軍事要塞，概無差誤。

　　另經田野調查考據，今蘇澳車站前「晉安宮」之〈張公廟（晉安宮）建廟沿革〉，即指出當時張公廟係由移民蘇澳的蘇士尾與墾民於道光 7 年（1827）所建立，同治 11 年（1872）遷建至現址。建廟沿革描述：「蘇澳鎮晉安宮俗稱張公廟，供奉鎮殿主神為張公聖君，亦稱法主公。是福建泉州府永春、安溪一帶鄉土守護神，開拓蘇澳先民為鎮壓蠻荒瘴癘，由蘇士尾、張光明等先賢於清道光七年（1827 年）恭請來臺，在白米甕永春（舊地名內城）建祠奉祀，距今（民國 98 年）182 週年，是蘇澳地區最古老寺廟。」〔註 108〕，廟裡有兩座古碑座落於廟埕左前側的碑亭內，一是〈羅大春開闢道路里程碑記〉，一是〈羅提督興學碑〉，碑文觸刻了羅大春開路興學等紀事。立於同治 13 年（1874）10 月的〈羅大春開闢道路里程碑記〉載記了蘇澳至花蓮里程，碑文如下：「自蘇澳至東澳二十里，自東澳至大南澳三十里，自大南澳至大濁水三十里，自大濁水至大清水二十五里，自大清水至新城四十五里，自新城至花蓮港北岸五十里。以上自蘇澳至花蓮港北岸計程二百里。同治十三年陽月，福建陸路提督黔中羅大春勒石。」〔註 109〕廟史與碑文記錄了白米社區的移民史，與蘇澳漢人社會及地緣發展密切相關，尤其張公廟是福建泉州府永春、安溪一帶的鄉土守護神，揭露了蘇澳最早的漢人移民是中國大陸泉州人，而清領時期民間的永春城，亦可能是今日永春里的區位。

　　聚落位置及集村狀態，在 1904 年日據時代《台灣堡圖》中〈蘇澳街大字（舊街庄或土名）區畫圖〉中對當時以自然地形查定涵括當今之永光里、長

〔註 107〕施添福：《蘭陽平原的傳統聚落──理論架構與基本資料（下冊）》（宜蘭：宜蘭縣立文化中心，1997 年），頁 675。

〔註 108〕參據〈張公廟（晉安宮）建廟沿革〉。

〔註 109〕如〈羅大春開闢道路里程碑記〉碑文。

安里、永春里及永樂里等泛稱「白米甕」地域之調查顯示,有三大集村聚落及7個散村,集村中有一隘墾村,散村中包括2新墾區,總戶數已達187戶,集村度為61%,〔註110〕顯示入墾活力仍旺。當前白米社區(永春里)主要分為三大生活聚落及工業廠區,首要聚落「白米甕」為主要人口居住區,佔總人口數43%;次為「駁岸頭」為次要人口居住區,約佔總人口數33%;末者為「公館坑」、「蛙仔湖」、「猴猴坑」一帶為零散型人口居住區,約佔總人口數24%〔註111〕。

　　「白米甕」舊地名傳說豐富,當今所標畫具體空間範圍的「白米社區」俗稱「白米甕」,經調查民間傳說號名為「白米甕」的源由典故眾說紛紜,共有五說。一為「仙人賜米傳說」:相傳此地曾有白髮仙人為幫助走難來此的流民,特置一能自湧白米的石甕於此區供給村民取用,所湧白米份量適足供全村人口所需,後有貪取年輕村民破甕取米,白米自此枯竭。二為「米甕地形傳說」:以所在區位及地理形勢因白米溪與猴猴坑溪沖蝕山谷宛若如斜傾米甕,河川中許多小白石在陽光照射下,就像白米一般,當地居民因而慣稱居住地為「白米甕仔」;類此「甕仔」地理形態與象形意涵之舊地名緣起另有一變異傳說,相傳光緒年間清朝登仕郎王家驥奉命派駐蘇澳今金字山一帶,初到此地登高遠眺時,發現山谷有一溪流蜿蜒而過,而乾涸溪谷所露出的白石磊磊好似白米粒,又因這一帶三面繞以畚箕湖山、猴椅山等環山地形,座落其間的山勢如甕狀,故有「白米甕」之名。三為「狩獵換白米傳說」:以往昔移民皆植甘藷度日,惟因此區多山多有山豬、麋鹿等豐盛獵物,只要入山狩獵常能滿載而歸換取珍貴白米而得稱〔註112〕。四為「白石礦產傳說」:另以社區周邊佈滿石灰石高山,石灰石等「石米仔」產量高,全盛時期曾佔全國百分之九十左右的白石礦產而得名。五為「農產豐厚傳說」:以此區為蘇澳與南方澳區域少有的平坦農作谷地,在工業不發達尚未開採石礦的年代,此處曾是蘇澳地區稻米生產重鎮,而日治時期將稻田農墾範圍擴及所有白米溪沿岸平原,讓社區成為蘇澳周邊主要糧倉之一而得稱。各種地名傳說皆有流傳,

〔註110〕參據施添福:《蘭陽平原的傳統聚落——理論架構與基本資料(下冊)》(宜蘭:宜蘭縣立文化中心,1997年),頁676。

〔註111〕參據蘇澳戶政事務所戶籍統計資料。

〔註112〕洪敏麟:《台舊地名之沿革第一冊》(台中:臺灣省文獻委員會,1980年),頁448;及黃雯娟:《台灣地名辭書卷一:宜蘭縣》(台北:國史館台灣文獻館,2000年),頁368。

惟以「仙人賜米傳說」及「米甕地形傳說」兩文本傳頌最廣最盛，研判因兩傳說饒富樂趣，具故事性及渲染性傳播特質，又因在地文化創意產業營運以之為「賣故事」或「賣傳奇」之核心人文資本，經由社區產業行銷立意包裝詮釋所致。後三傳說文本，則較屬漢人墾民入殖後謀求生存、生計發展的在地經濟思維之反映與投射，分別為狩獵謀生、礦產營生及農產營生等墾民生活世界中生存之現實課題，相對較乏口傳文學之浪漫及奇脫樂趣等美學特質；也屬較晚近之市場思維寫照。

三、「白米甕」聚落的轉化與社區行動

（一）古典「社區發展」概念時期

目前白米社區以宜蘭縣蘇澳鎮公所，所劃定公告白米社區以永春里為範圍作為組織區域。但其緣起仍可追溯到 1968 年起台灣早期傳統社區政策典範——「社區發展」之歷史時期，1989 年內政部頒佈「社區發展工作綱要」後台灣省政府發布「臺灣省社區發展後續計劃第二期五年計劃」，蘇澳鎮公所據以規劃完成公告長安、永春、永樂及永光等四里區域俱為白米社區範圍〔註113〕。基於地緣及村里權力生態，由社區範圍內四行政畫分村里長及居民意見領袖等發起籌組社區理事會，初期共同目標在爭取台灣水泥公司蘇澳廠汙染地區回饋金支分配主導權；後扞格於四里均激烈角逐社區組織領導權及里利益，又因跨里社區組織型態牽動蘇澳鎮基層政治力量消長而受限競合遲滯。

（二）新社區意識萌發時期

1990 年代台灣邁向政治解放，社區典範轉向村落生命共同體建構。時任文建會副主委陳其南，因緣際會的以其人類學背景成為這中央政府所發動社會改革計畫的總工程師。台灣民間社會在經過解嚴後動盪激情的 1980 年代末政治社會運動之後，普遍關照到社區是未來改變社會、實現理想的根據地，關心各基層社會發展的民間組織紛紛成立，使得以基層村落為單位的行政系統在原有的民政體系之「村、里」和社政體系的「社區發展協會」外，又多了地緣性及在地性的「地方文史工作室」。「社區」的定義與範圍也在排除既有村里行政區域紛擾的考慮下，主責畫設公告社區範圍的鄉鎮公所，紛紛的將社區範圍修訂為與村里行政區域相同。

〔註113〕蘇澳鎮公所：《蘇澳鎮志》（宜蘭：蘇澳鎮公所，2013 年），頁 100～103。

　　「白米甕」三面環山，緣溪定著的聚落又緊臨經年沖刷滯積豐富優質石材的溪谷礦產，曾經全台灣超過 80％白石產量源自此地重型卡車日以繼夜的挖掘輸送。挖掘、碾碎的轟隆噪音，製程、輸運的漫天落塵及重車巨野狂獸般的在庄頭鑽竄，是這聚落自日治近百年以來難醒的噩夢與宿命；區內的「台灣水泥公司──蘇澳廠」及「中油公司──蘇澳油庫」更是各地避之唯恐不及的嫌惡威脅。落塵量最嚴重的居住環境、人口日漸流失且年齡老幼兩極化、家戶所得偏低〔註114〕、傳統鄉村特色逐漸消逝等困境，是診斷這聚落的外顯症狀。1993 年蘇澳鎮永春里在聚落好事者群的激盪摸索中重新創立了「白米社區發展協會」，開始在傳統的陋鄉困窘中投入建設性變數。林瑞木是發展協會成立後辭卸公職專任總幹事的社區年輕子弟，倡行「與其拉白布條跟石米仔礦場做抗爭，或者默默忍受污染，我們選擇從四周整理環境做起」的初階務實作法，開始經由自身及社區理、監事群體之家庭及親屬成員彎腰動手示範從村頭生活區的整潔綠化、美化作起，帶入公共藝術、生活美學等環境概念，漸進渲染促使各礦石廠商配合共同承擔環境友善責任，以平衡社區成員就業謀生僅存的礦石經濟機會及居住環境改良〔註115〕。

　　由住居環境入手的白米社區謙卑樸實的集體整潔實踐，首年旋即獲得行政院環保署評定入選為全國僅有的 6 個「環境改善績優社區」〔註116〕。短時間的社區協力獲得官方的聚焦肯定與迅即外溢的社會榮譽，激化了也更凝聚了白米人的社區意志與地域認同；尤其加持了社區執行團隊的正當性和士氣。

（三）社區營造策略澄清時期

　　1995 年 1 月宜蘭辦理「社區實務人才培訓講習班」，除了分享成功運用社區資源案例並安排社區規劃專家、社區行政人員、各社區參訓學員等「觀摩績優社區」來到了白米社區，陳其南提議白米應該從發掘傳統文化特色出發。林瑞木遂與美術老師邱憲章等開始了拜訪社區耆老，進行人文民俗傳統等社區文化資本調查與評估，開始了村落中社區營造亮點的「點寶」、「尋寶」的初始功課。

　　初期展開聚落人文資源及自然資源等文化資本調查評估後，鎖定以復建

〔註114〕參據宜蘭縣政府主計處：《宜蘭統計年報》及《統計要覽》（宜蘭：宜蘭縣政府，1990～1995 年）。
〔註115〕邱憲章深度訪談紀錄。
〔註116〕洪士峰：《Cheers 雜誌》第 6 期（台北：天下雜誌社集團，2011 年）。

竹編與木屐工藝為選項。竹編納為選項的理由是：白米近山地區竹林茂盛且鄰近蘇澳港區，早年因南方澳漁獲豐盛外銷日本市場之運送過程中，皆以青韌竹編為包裝材料，曾經是白米聚落村民依靠自然條件的營生方式之一。木屐納為選項的理由是：民俗資源調查中，社區調查者向老者蒐得了口傳諺語：「白米甕，出柴屐〔註117〕，偷剉〔註118〕柴，山林掠〔註119〕。」，傳神的重現了日治時期盛產木屐，村人為尋求製作木屐材料受制於殖民政權的舊時景象〔註120〕；經再循線訪查，確認了白米社區確曾設有主要生產木屐的木器加工廠，是台灣木屐產業盛極而衰力撐到最後的一家木屐廠，是社區賴以維生的傳統加工產業，1975 年十大建設中之北迴鐵路計畫穿越白米甕後側山腰，鐵道路徑適經木屐廠址，因而遭遇了徵收、拆除的命運。三面環山的白米週邊山陵也確曾盛產木屐所需良材之江某樹〔註121〕，木屐曾是白米聚落的傳統工藝產業的田野調查，因而確認了其山林資材條件、木屐工匠文化、地方產業史及口傳諺語等社區民俗資本。

　　社區發展協會因而請村中老者展開尋竹、砍竹、編竹等活動，試圖發展竹編傳統工藝文化；另方面分頭敦請任職聚落內礦石工廠擁有純精木屐製作工藝的昔日木屐產業經營者——李政吉老師傅手工製作木屐白胚，搭配美術老師邱憲章發展出創意彩繪木屐ＤＩＹ的體驗活動。初步成果藉 1996 年 2 月宜蘭縣政府策辦「歡樂宜蘭年」大型年俗活動的表演舞台，與全縣 12 鄉鎮市的 14 個社區同場展演，竹編及木屐傳統民俗工藝於是作為代表白米社區特質產業民俗的策展主題。惟當次開展比較後發現，或因宜蘭夙有竹欉圍繞家族簇居的竹圍傳統，竹編工藝與器物因竹林栽植取用近便的生活過往，不約而同的成為礁溪、員山、冬山、三星等鄉多個社區的呈現主題；竹編因而難以形成白米社區差異性、代表性的特色，且無以從復振竹編工藝傳統邁向社區

〔註117〕木屐之閩南話口稱。

〔註118〕以刀斧斜砍木竹之採收動作。

〔註119〕「山林」係謂日治殖民時期巡守山林資源的執法者。「掠」即逮捕之閩南語動詞。

〔註120〕此口傳諺語另有一變異版本，即：「白米甕，殺柴屐，偷剉材，山林掠。」，其中第二句由「出柴屐」變異為「殺柴屐」。「出」在台灣閩南語用法上，意在生產或產出；而「殺」則意喻以刀具刨、削製作木屐之意。

〔註121〕「江某樹」或稱「公母樹」，別名：鴨腳木、鵝掌柴。分類：五加科江某屬常綠喬木；原產地：台灣、大陸、菲律賓、日本；外型：掌狀複葉，在林中極易辨識。

文化產業進階。相對的，木屐工藝便具備了鮮明殊異性，參訪者能動手自行彩繪屐體並釘製屐耳等復古式、手作式親身操作收藏的體驗，在 1996 年「歡樂宜蘭年」展示會場雖叫好不叫座，但富創作性及故事性等發展潛質皆已廓現〔註 122〕；翌年（1997）「全國社區總體營造博覽會」白米延續復建木屐製作之工藝傳統，佐以個人化及象徵化圖案及童趣聯想之「白米仙履奇緣」主題的木屐彩繪體驗中即獲得了回應熱烈的熱賣驗證；白米社區多年尋索社區民俗資本，揉和過往記憶及當下生活世界面孔的努力，終於在社區博覽會連續 24 天的會展中木屐日日大賣，營收超過新台幣 60 萬元，社區製作團隊夜夜在時任社區理事長傅錫煌家中加班趕製木屐的集體亢奮中澄清確認了「白米木屐村」以木屐為社區創意產業的社區奮鬥策略。

（四）木屐社區民俗發展時期

1997 年在「全國社區總體營造博覽會」大展中初步的成功經驗，獲得了經濟部中小企業處的青睞並接續三年獲得「地方文化產業輔導計畫」的專案推廣補助經費，鞏固了「白米木屐村」的特屬發展基礎及外在聲望，白米社區於是正式進入了創意木屐產業的發展道途中。1997 年 10 月成立了「木屐工作室」，開始有組織化的製作、展示、銷售木屐，白米社區創意木屐產業，以非營利組織屬性逐步採取具市場性及經營性之市場化經營模式。社區在經濟部中小企業輔導計畫培力下，成立了社區合作社共利共責，以每股一百元廣募包括長安、永樂、永春、永光四里的居民入股，認購 30 股即成為社員，採市場化經營，希望藉由合作社入股入社的網絡維繫及居民的社區木屐產業參與，動員更大社區能量，尋求社區有機收入並提升社區自主性與能動性。在招募了 80 餘位社員後 1998 年正式成立了「保證責任宜蘭縣蘇澳鎮白米社區合作社」，以民主程序選任了 9 席理事、3 席監事，再由理事會選拔合作社主席，及主席提請同意任命的經理〔註 123〕。在 1999 年正式掛牌營運，邀聘陳信雄老師傅專任木屐師傅，嘗試在非營利組織的主體性下，尋求市場邏輯及社區文化創意生產條件的最佳化。此期間林瑞木的想法是讓社區形成一個經濟體，讓社區木屐產業經濟可以發展〔註 124〕。

從「點寶」發現木屐的產業民俗史，到賦予村落人文意象、重現集體記

〔註 122〕參據報導人邱憲章深度訪談。
〔註 123〕參據「保證責任宜蘭縣蘇澳鎮白米社區合作社」組織章程。
〔註 124〕參據邱獻章深度訪談。

憶凝聚認同，到彩繪木屐操作體驗的感覺經濟創新，形構了白米社區等於「白米木屐村」的自明性社會聲望，此一圍繞在木屐工藝民俗傳統為熱點的特質，是一典型村落民俗主義實踐的鮮明實例，木屐民俗資本不僅藉由再語境化重新定義了社區身分，更源源不斷的持續動員了村落社群的集體驅力，也因而再結構化了社區的公共領域與外顯的地域識別。

　　但考諸白米發展木屐社區文化產業的各階段實況，在現實社會結構及條件中遭遇了不同階段的困難。為養成木屐產業實作及設計人才並使社區成員與社區產業產生經濟聯結，社區以當代企業人力資源的管理概念，首開了木屐製作實務初階班的木屐教室，竭力招收了十餘位社區青年予以面談培訓，但一考慮生涯前景即全軍覆沒無一意願投入。林瑞木等主事者重挫後仍懷抱復振民俗工藝的熱情，一年的調整對焦後，改變企業化人力培訓構想轉以社區化之社區參與方式，從社區願景及社區集體驅力的團體社會動力維度，藉由里鄰及社會關係脈絡鼓勵居民參與活動，繼續推出木屐工藝傳習班、木屐彩繪、木雕、皮雕等社區民俗工藝傳習活動，終於形成了有效的社區產業製作鏈帶及社區導覽規劃設計與服務導覽解說團隊，並輔以創意木屐開發、木屐舞表演的創作編排、發行《響屐報》社區刊物〔註125〕，標、本兼治，軟、硬體條件協調的木屐彩繪得焉發展。

（五）社區木屐民俗博物館探索時期

　　在 1997 年「全國社區總體營造博覽會」大展中初步的成功經驗，觸動了白米社區 1997 年 10 月成立「木屐工作室」開始了組織化的社區木屐產業產雛型；1998 年進而正式成立了「保證責任宜蘭縣蘇澳鎮白米社區合作社」以自助互助的合作社營運組織，作了正面迎向市場、長期發展社區木屐產業的準備。長達 5 年的社區探索及醞釀階段，終於初步奠定了 1998 年晉階社區木屐博物館的基礎，商得聚落內鄰近社區活動中心的永春福德正神廟管理委員會的同意，借用廟宇二樓即永春社區長壽俱樂部，開設第一代木屐展示館〔註126〕，開始木屐工藝、木屐文史及白米社區人文條件之展演，試探了社區博物館系統規劃與營運路徑的可能性，開館日，台灣社區營造運動的精神領袖陳其南並一貫其對白米社區的關注，親自全程與會觀展。

〔註125〕黃淑瑩：《家，遮是博物館》（宜蘭：宜蘭縣立蘭陽博物館，2012 年），頁 217。
〔註126〕參據文化環境工作室：《社區資源處處寶——社區學習讀本》（宜蘭：宜蘭縣立文化中心，1998 年），頁 37。

　　第一代木屐展示館在且戰且走的快步踐履中,逐步取得了台灣社會木屐工藝民俗的化身性與正當性。但行銷木屐民俗而鵲起的社區聲望,卻因所展示木屐皆係外部商購之半成品,未完備木屐製作社區化、展演體驗化的完套生活民俗工藝能量,而遭遇創意經濟及社區培力瓶頸,執行團隊也自省木屐工藝民俗之復振應紮根於在地聚落,民俗工藝基因及社區文化經濟結構尤應內建於村落紋理。遂請來李政吉及陳信雄兩位碩果僅存的木屐老師傅,評估製作器械及製程觀察體驗所需的各種設備、空間等物理條件,同時集體調查規劃木屐工藝傳統與社區故事等民俗人文展演的可行方案。在欠缺資源的困境下,社區核心團隊成員主動捐資購買基本設備並另租下相鄰社區民宅作為福德廟二樓木屐展示館的系列分館,延展也提供為社區民俗展演團隊的表演與實作平台[註 127]。其後為滿足展演與體驗空間與動線之需要,進而租下相鄰的、較大面積的台灣肥料公司員工宿舍,改建為「木屐街坊」,策展出「木屐彩繪館」、「技藝傳習館」、「社區營造館」等內容;實務孕育了轉化社區民俗資本為社區優勢能量之動態經驗,舖陳了社區博物館內造化的先期基礎。

（六）社區民俗展演成熟時期

　　其後經由「保證責任宜蘭縣蘇澳鎮白米社區合作社」之募股累積資金,終於在 2006 年有能力買下租用中的台灣肥料舊宿舍 600 餘平方米土地及策展中的房舍。同時經由質押向銀行借貸了 1600 百萬台幣,保留具社區情感與記憶的一層舊宿舍,並在舊屋上方設計造型相融、結構新生之二、三樓建築[註 128],完備實現了集體拼戰多年的「白米木屐館」之社區博物館悲願,正式開館營運[註 129],邁開社區工藝民俗創意產業的步履。終於開張了自有社區博物館雖然快意,但非營利之事業性質卻同時需求約 40 位服務人力及營運固定成本負擔,卻仍不容鬆懈。直至受益於行政院勞委會為促進國內就業所啟動之「永續就業工程」、「多元就業方案」等人力挹注方案及文化部「地方文化館計畫」之營運補助計畫,復立基於白米社區居民參與度高,發展協會組織動能與治理建全,核心策略及目標管理得當,觀念成熟,能回應各階段主客觀動態,掌握發展核心價值與願景方案,經由社區公共論壇激盪對話,淬

〔註 127〕參據邱憲章深度訪談。
〔註 128〕參據邱憲章深度訪談。
〔註 129〕黃淑瑩:《家,遮是博物館》(宜蘭:宜蘭縣立蘭陽博物館,2012 年),頁 225。

煉了逐步整合計畫執行細項、期程、內容、區域、精神、需求想望的社區互動文化。近幾年之年營業收入都已能達到新台幣千萬元以上〔註130〕，除具備獨力財務能力營運社區木屐產業外，已有足夠資源回饋社區內社區福利服務、廟會民俗、學校教育及志工活動等經費支出。

　　白米社區發展協會也因而有效整合了聚落內之保證責任宜蘭縣蘇澳鎮白米社區合作社、白米木屐館、白米社區守望相助隊、白米社區志願服務團、白米社區長壽俱樂部、蘇澳鎮永春福德正神廟、宜蘭縣穆公文化發展協會、宜蘭縣永春城文化發展協會、白米區環保促進會等團體，形成基層地域不可或缺的協力組織。木屐館除了接受政府機關或民間團體的參觀拜訪，也以企畫套裝方案與旅行社合作，經由社區導覽解說的方式以及木屐體驗製作過程吸引遊客滯留與消費；在社區治理及社區博物館策展及社區木屐產業之營運等，都穩然邁進成熟期並有餘力與後進社區團體分享資詢所累積的社區集體智慧。

四、民俗過程的聚落意義與當代表演特質

　　從白米社區重建的個案研究過程中，我們注意到了民俗經由社區博物館在社區產業文化發展的過程中，扮演著傳遞地方產業文化的中心平台與村落反身互動激盪公共領域中的重要精神質素。

（一）木屐工藝傳統與民俗過程，再結構化了聚落公共領域

　　日本工業化發展的社會變遷效應早發於台灣。西方現代性與全球化效應之於日本社會所形成傳統生活形式的鉅變疏離及溫潤撫慰人心的民俗人文散失，激發了知識社會的反身性（reflexivity）〔註131〕；這一社會變遷後反身澄清社會價值並尋求超越的途徑的系列社會行動經驗，對台灣社會帶來了深刻警醒與啟發。此其中，日本千葉大學宮崎清教授有其代表性，並在 1991 年開始了與臺灣省手工業研究所合作展開地域振興計畫的跨國交流行動。1995 年行政院文建會具地域再造里程碑意義的「文化產業研討會」，宮崎清在發表中提出社區營造係針對村落中「人」、「文」、「地」、「產」、「景」等五大範疇的

〔註130〕參據與報導人邱憲章深度訪談。
〔註131〕反身性，係知識社會學的概念，反身性促使我們正視自身的限制，但這不是指接受限制，而是從具體的社會科學觀點來認識限制，了解這些限制的歷史、文化根源。是社會行動自我釐清的過程。

評估與活化。「人」指的是社區居民的需求的滿足、人際關係的經營;「文」指的是社區共同歷史文化之延續,藝文活動之經營等;「地」指的是地理環境的保育與特色發揚,在地性的延續;「產」指的是在地產業與經濟活動的集體經營,地產的創發與行銷等;「景」指的是「社區公共空間」之營造、生活環境的永續經營、獨特景觀的創造、居民自力營造等〔註132〕。歸納貫穿「人」、「文」、「地」、「產」、「景」各範疇的核心精細質素,實即民間生活、民間文化的復歸與重建;轉化而為再結構化、再語境化的社區民俗主義的展演。

重建社區木屐民俗工藝傳統的社區民俗策略的調查評估倡議、到倡議與回饋、再到展演與成熟確立,撐展開了村落成員對話、衝突、協商、互信等社會心理與集體意志的動員與完型過程;更援以創造了人際、居民與村落物理空間、與民俗人文資產的多維介面。社區木屐工藝民俗博物館,提供了我群社區服務,成為社區學習中心,並藉由建構地方產業性質特徵,建立一個由地方居民共識而共有之社區博物館,進而形成自我教育的學習型組織,除了達到振興地方產業文化,對村落身分的認同感與自明性,甚至於聚落公共領域與公共論壇等村落公民社會形成條件的造就,都影響關廣深遠。

(二)民俗展演是社區營造進程中的中心性要素

在白米社區營造的熟成過程中,名為「白米木屐館」的社區博物館的發想與營建雖然具有指標性,但單純硬體物理性的建築訴求並無法具足影響條件,賦與社區博物館深邃有機性的精神內涵者,非民俗展演莫屬。回首盤點傳統庶民生活世界所承載之民俗人文質素,強調文化脈絡的溯尋與記錄、原初多元價值的呈現與常民生活關懷的草根性社區博物館與傳統菁英文化博物館不同。菁英博物館以奇觀式的、精緻的文化蒐羅典藏、展示、教育和解說,發散其階級品味、知識詮釋及貴族式藝術美學的社會順適。社區博物館則貼近庶民現地生活現場,將地域生活之經驗累積形構於社區日常生活語境中;也是村落重建主義倡導者集力運籌與整合發酵地方文化資本的軔體機制。

以一特定建築物名為「博物館」作為唯一展示的文本單元,係古典博物館典範下的狹窄定義。當今生態博物館的主流典範,已顛覆古典博物館界定展示物僅限於博物館建築物內並經過立意策展的認知不同。從日常生活體驗

〔註132〕莊瑞菱:〈組織台北市謀社區健康促進會之形成過程及結果〉(台北:台北醫學大學碩士論文,2001年)。

出發，聚落就是一座現地展示的博物館：大地環境是；居民生活方式是；民俗風物是；營生奮鬥是，皆是一多維度、本真映現的展示文本。超越了傳統知識與生活經驗的藩籬、更跨越了人際的、地緣的鴻溝，鄉土社會中的居民生活、一草一木、一磚一石因而都有了專屬活現的故事與緣由，以及相異的感知結構與體驗磁場。社區聚落從而俱足被觀看、被體驗、被欣賞的社會主體性，符號化了、識別化了社區面容，豐厚了聚落的社會想像及群體意志與人格。

　　而在台灣社區營造運動中，地方民俗傳統已成為文化產業發展中促進地方經濟再生與文化保存等地域振興的重要策略。相關計畫與實踐均指向「文化產業化、產業文化化」的政策目標，民俗傳統作為非語境化展（表）演主題的趨勢日盛，成為地方文化產業發展的核心要角。本研究中白米社區木屐民俗工藝傳統，從過往庶民日常生活世界營生互動的常態生活事務，迭經時、空變遷累積，功能轉化演變而為地方文化產業「生產鏈」概念中的既「軟性」又「暖性」的聚落精神資糧，在當代社區文化創意產業「文化（民俗）」→「展演」→「生產」→「經濟」的創價流程建構中，成為文化經濟架構中的上游資材。

（三）民俗展演與村落重建，實質增進了社區與居民的「社會資本」

　　在民俗展演與村落重建啟動了居民參與、社區組織規範建構、協商信任、行動實踐的動態過程中，我們發現民俗展演與村落重建實質增進了個別居民利益與聚落社會利益。在聚落住居環境的改良美化上、地方認同與光榮感的增進等等面向上，社區居民由領導中心而外泛的白米社區合作社、白米木屐館、白米社區守望相助隊、白米社區志願服務團、白米社區長壽俱樂部、蘇澳鎮永春福德正神廟、宜蘭縣穆公文化發展協會、宜蘭縣永春城文化發展協會、白米區環保促進會等社區為中心的周邊團體組織，所形成人際社會關係紋理的有機擴散與聚落空間由中心而外溢的輻射性改良，創造了倍增的公領域與私領域的社會資本與價值認同，有著難以量化評估的多層次、多領域的鉅量效應。熱心介入白米社區木屐民俗傳統重建的社區居民，由於民俗表（展）演的必要，需頻繁且深入的接受各階段培力訓練，尤須完備社區文化與歷史等背景解說、諮詢，與木屐工藝示範與文化行銷的各種社區知識，人際網路的擴增與互動層次也因而豐富；對居民自信、自我價值提升及村落認同等社

會資本，有了正面建設性的增長〔註133〕。

居民自發自覺的結成有機網絡，在社區意識及發展策略的貫穿下，經由一系列居民投入、政府補助及社區專家協力營造過程，逐漸建立共識並且和社區共同創造、建立和開發對於生活中的共同想像，一起完成夢想，從而發展社區自主運作的機制與面對問題的能力。當西方文化標舉著理性化、科學化的「進步意識」，顛覆了各傳統文明的世界觀，也改寫了各地域宿來殊異的生活世界。解構迷信與傳統崇拜的除魅化社會改革工程，廣大深遠，迫使民俗傳統益加邊緣式微；價值單元化、生活型式趨同化的社會動力，更鴻溝疏離了浮游人心及腳下鄉土。我們眼下曾經熟悉的生活周遭漸趨遙遠，代間相傳的生活信念與日常慰藉不再，抑寓生長記憶暗處的層疊鄉愁，如都會遊靈般的猶遠還近，不時揪緊胸口隱隱觸動各社群心靈的集體記憶，社區生活空間的釋然回歸，恰如一帖抒懷原初聚落、人我關係重建的療癒另方！

〔註133〕此一視角，可參考林玉燈以 Putnam 與 Bourdieu 的社會資本論點為基礎，來解析白米社區社區居民參與社區營造的角色與經驗對其社會資本增長之影響，分別從「文化呈現」、「社群組織」、「社會影響/效益」等三個社會向度予以觀察，其研究顯示：「社區居民中有無參與社區營造活動，其社會資本、文化資本與經濟資本之間具有顯著差異，且其之間也有顯著差異。」見林玉燈：〈社區居民參與社區營造與其社會資本關係之研究——以宜蘭蘇澳鎮白米社區為例〉（台中：逢甲大學建築研究所碩士論文，2007 年）。

第七章　宜蘭經驗及其民俗過程的
　　　　經驗辯證

　　文化與政治孰為上位概念，孰為下位概念？在政治場域中是一種實現的
藝術，也是一種精妙理解的心法，本研究中的宜蘭經驗正示範了一個政治與
文化相互為用的地方再造藝術。古典政治概念中，政治涵攝為大，是為公共
權力宰制中心，具剛性效應；文化為社會發散的軟性旁支，在權力爭執場域，
似不具概括性的絕對能量。宜蘭文化經驗，則書寫了當代台灣社會普遍受應
於政治與經濟因素而起迭的另一章，筆者後驗的梳理其現象邏輯、社會行動
方法、外化的社會效應等，依序綿密歸納其變遷的現象邏輯，實即循由盤整
體制外民間社會力，支撐在野政治力取得在地話語權與正當性，再據以進入
體制內倡導轉化社會特質，是一個具社會政治策略的文化穿透過程。在社會
行動方法上，係經由政治動員取得民主合法權威後，化地方主體性為文化領
導權的核心價值與實踐指導，選擇性的介入在地民俗資本與集體記憶的干預
與創造；非典型的在短暫的歷史過程，創造性的累積而為宜蘭地方知識，與
地方意義系統加上地方情感等具社會識別度的外化社會效應，試循序論析如
下。

第一節　體制外而體制內的文化穿透過程

　　戰後宜蘭歷屆的地方執政陣營，一如台灣各地經驗般，率皆把持於泛中
國國民黨的權力系譜。直至 1981 年，陳定南以首位「黨外縣長」大破之姿觀
得政權，1989 年游錫堃繼其後倡行本土文化，1997 年劉守成延續在野政風，

蟬聯掌握了 24 年非國民黨的「黨外執政」或稱「綠色執政」下的黨外反對運動版圖。此期間，掌握宜蘭政權的地方領袖，以「黨外」、「在野」的抵抗意識行使執政權力，形成了一種「進入體制反體制」的再解構政治風景。

一、文化施為的動力產出中心——意識形態與人物效應

宜蘭社會以文化為治理核心，作為此期間地方社會史的鮮明事件，極少數關鍵人物所產出的指標性效應，不可否認的若符了「英雄造時勢」的歷史變遷典型。此其中，有個別角色鮮明的陳定南及游錫堃兩位前後任縣長，掌握地方權柄，形象鮮明的以個人意志及行事方法洞徹而為地方意志，社會效應波盪傳播穿透且餘韻迄今未止。再者，為志同契合的小群體，即由陳定南時期的「宜蘭縣草嶺碑林小組」，演易而為游錫堃時期的「宜蘭縣文獻小組」，該特定群主要人物包括：周家安、潘寶珠、徐惠隆、陳財發、邱水金、及陳進傳等富社會參與熱情的宜蘭鄉土歷史文化行者。

陳定南以崛起政治新秀橫空出世之姿，逆反當時台灣政治陳規及黨外地方政治輩份排序，快速的在個人公共型款的塑造及政治口語傳播上擅取勝場，以法律人的剛正不阿，即知即行的鮮明、強烈人格特質，挑戰權威與威權禁忌，在政府體制內開啟了挑戰黨國中心化的意識形態鬥爭與政治競爭，其施為動力充分展現了領袖個人魅力，表現為正義社會形象的即刻展現與社會聲望渲染。游錫堃則在 1989 年 12 月入主宜蘭縣政後，擷取台灣社會激發已久的本土意識與「黨外」政治訴求修辭，轉化而為抵拒黨國一體、國族集體主義的在地代表性，領導驅動了地方系統性論述，產出與擬訂地方政治方略作為，首先開拓了在地文化政治領域，藉由創新性系列文化施為，內斂「黨外」、「在野」抵抗意識，開始了「進入體制反體制」，漸步行使公民選舉賦與地方首長的執政權力，以抵抗、解構國民黨涵攝地方的國家權威。游錫堃個人執著鄉土價值與本土意識形態，及事必躬親的執行風格是宜蘭文化景觀的貫徹性因素。證諸於「開蘭 195 週年紀念日」、「開蘭 200 週年紀念日」、重修縣史、新建宜蘭縣史館、蘭陽博物館、鄉土教材編審、推廣，及創辦宜蘭國際童玩藝術節過程中繁複冗長的醞釀，宜蘭國家傳統藝術中心的競取，到宜蘭社區總體營造的發始等等，游錫堃每役親與，躬自拜訪、主持會議、叮嚀進展、總結檢討等，行動過程中予以所屬強勢的驅策規範，構成宜蘭文化施為的核心動力。

　　游錫堃時期一系列的新文化行動，普遍緣於 1990 年 8 月迄 1991 年 6 月間，由周家安所實質領導的非正式組織——「宜蘭縣文獻小組」所醞釀策動。該小組由宜蘭文獻的歷史介面切入地方發展路徑議論，全面介入了或獻策產出地方國家當政政團的治理論述與詮釋修辭，契合了游錫堃此一地方領袖當時所處之主、客觀政治情境，逐步構成以歷史、在地、民俗資材、鄉土記憶等有機盤整而為地方新文化資本的倡論，引導了游錫堃的施政視野及與其政治定位相關的歷史意識。過程中，有力激發並結合了游錫堃意志，強勢推昇了原屬特定範疇的文化政策，上綱而為全面貫穿地方治理意識的策略位階，撐展開了文化政治場域並牢實掌握，從「宜蘭縣文獻小組」為中心的菁英同儕圈的意志凝結，互動輸送熟成而為游錫堃的政治意志，據以漸層遂行，方案領域雖如本研究前論各章節跨範疇展開，本質上卻仍脈絡一貫的有機構成本土策略的實踐網絡。

　　從本研究歷章所實證考據，綜觀宜蘭各項文化行動方案，從擬訂、展開及領導管制執行，舉凡 1991 年「開蘭 195 週年紀念日」及 1996 年「開蘭 200 週年紀念日」所提綱策定的祭吳沙、重修縣史、新建宜蘭縣史館、蘭陽博物館、鄉土教材的編輯推行、創辦宜蘭國際童玩藝術節、宜蘭社區總體營造……等等重大宜蘭文化經驗，率皆有「宜蘭縣文獻小組」成員的身影與意志貫穿。而此批在地菁英成員對在地鄉野、文史的投入與關注，實早於陳定南入主縣政之前，在 1981 年左右即與卸任縣長後的陳進東，以知識分子共治鄉史的相交情誼，發散在地情懷。繼而在頭城書法大家康灩泉，以籌建「宜蘭草嶺碑林園區」為題建言於陳定南後，在 1982 年 4 月，以非正式編制的「宜蘭縣草嶺碑林小組」文史任務，臨時性的自所任職之中學借調，短暫性的進入縣政府「體制」，進行宜蘭古碑的田野調查與典故考證。而在 1990 年 3 月 31 日，游錫堃捐出競選第 11 屆宜蘭縣長結餘經費結合企業主成立外部的「宜蘭仰山文教基金會」的同時，由宜蘭縣文化中心所創立的準公法人「蘭陽文教基金會」，也在 1990 年 3 月 31 日完成財團法人登記，迴繞在地議題經營地方的周家安等碑林小組成員，陸續進入了智囊策士的行列中，漸進轉化為宜蘭縣政府非正式編制「宜蘭縣推行鄉土教材歷史篇諮詢小組」成員。1990 年 4 月，游錫堃再次以臨時性「宜蘭縣草嶺碑林小組」模式，自相關成員任職中學借調組成「宜蘭文獻小組」，1991 年 6 月「宜蘭縣史館籌備處」成立，權宜性暫時轄屬於準公法人「蘭陽文教基金會」，核心智囊團隊終於全面的介入了宜蘭

縣政府各項地方文化論述及文化政策的擬訂與實踐過程。「宜蘭文獻小組」強勢有效影響的角色，在此一歷史階段宜蘭文化經驗的映照反饋實證中，不可否認的是效應廣大的宜蘭文化施為動力產出中心。

二、地方文化政治場域的創造與領導

游錫堃善於廣納各方策士，尤以擅發方論的文史知識工作者為主，相激相盪的摸索出了政治策略及意志遂行的道途與行動模式，也使游錫堃歷練得熟捻於政治與文化相互為用的貫穿心法。在古典政治概念中，政治權威涵攝為大，是為意義定義、路線迎拒及資源取捨的公共權力宰制中心，又因政府政治富法定權能，是以政治信念轉化為政府有效行政作動後夙具剛性效應；台灣傳統地方政治中，文化為社會發散的軟性旁支，也普遍受應於中央國家所採擇舖排的主流文化，在權力爭執場域似不具概括性的絕對能量，但游錫堃在選舉政治的競奪過程中，取得了宜蘭地方執政權作為發抒影響力的灘頭堡，在膺任未及 3 個月的時間，即急於兌現「編輯鄉土教材」、「母語教學」等競選政見，隱隱然的神隨著本土意識的經脈涉入了、也開闢了地方政治空間與文化論域。

宜蘭地方文化政治場域的具體展開，借助於前段所述「文獻小組」為轉銜「體制外」行動意志到「體制內」的實現平台，以臨時性灰色非正式任務小組為個體自我實現舞台，揪聚攀引民間知識行動者為制度化共鳴智囊。經由內置化的行動平台，盤點採擇可資應用於動員地方文化政治的文化資材，逐步就議題別或領域別外泛結構為各類實踐專案，或諮詢、或規畫、或編輯、或編纂、或推行委員會及小組等涵納知識菁英社群的文化政治論壇，擇取契合地方動員策略的傳統文化資本項目，如本土語言、鄉土地理、地方史志、祭祖習俗、普渡搶孤、童玩民俗、民間戲曲、傳統藝術、地景風物、社區記憶、民間信仰等民間生活文化資糧，予以一以貫之的地方身分意義的再結構化或再語境化編碼。以新民俗傳統的社會運動般，系統性的發明或創述家鄉故事，型塑地方身分蹤深及宜蘭以「文化」為尚的社會型款，並將各種社會文化再生產的地方文化產出物，重複的、制度化的在學校教育場域、展演空間或聚落庄頭例行的循環再現，作為住民個體與地方社會持續編碼、自我暗示、自我實踐內化的再社會化素材。完構地方價值論述的意義體系，實現了宜蘭「文化立縣」的新傳統發明。

三、從文化政治而文化政策的治理模型

　　宜蘭的文化政治版圖，開展於當代時潮的地方鄉愁政治。故鄉情懷的興起催化懷舊敘事的社會氛圍，綿柔的舊時記憶與誨褪的昔俗烙痕，在開放的民間社會中，本土價值與鄉愁論述漸次有了取替單中心國族政治的解構條件。宜蘭社會，這樣較濃厚且較有系統的藉民俗文化重建，抵抗進而解構國族政治的顯性社會脈絡，體現於游錫堃「為政治而文化」的起始階段，是一種另類的「文化為政治服務」，即以鄉土文化與傳統漢俗為「黨外反抗政治」服務，揭舉鄉土的大旗，動員地方反對意識，鄉土柔軟人文質素，鬆解了素來蕭殺緊實的政治空間，社會系統的版圖重構，使得多元文化趨力驅動社會價值分化的可能性，享有了空前的發展機遇。

　　研究結果中檢證，宜蘭地方重建開始於狹義文化的特定主張與行動，如母語與鄉土教育、敦促復辦頭城搶孤、促修縣志等，都在「方向正確」的基本原則下往素來歸屬於文化行政事務的狹義文化基調趨近。其過程具體表現在 1990 年 3 月，體制外智囊核心群周家安等終於有了經由「仰山文教基金會」嫁接到準公法人「蘭陽文教基金會」的體制內、外會銜平台，旋於次月，即 1990 年 4 月進一步以借調的權宜途徑整合智囊群組成「宜蘭文獻小組」進入體制後，開始著手復辦頭城搶孤、祭吳沙 260 歲誕辰、噶瑪蘭人返鄉尋根等「開蘭 195 週年紀念日」活動，直到 1991 年「開蘭 195 週年紀念日」紀念活動系列熱鬧登場，並在 1991 年 9 月促成宜蘭縣政府委託「蘭陽文教基金會」編修縣史等，皆屬狹義文化的重建行動探索時期。惟「宜蘭文獻小組」如自我實現預言一般，一以貫之的繼續推進文化主軸，在 1992 年 1 月又進一程的成立了「宜蘭縣史館籌備處」，從階段性縣史纂修的知識作為，拓展為常設史政機關及縣級歷史博物館，由周家安膺掄翹首。此階段宜蘭文化重建範疇，逐漸外溢到 1992 年創設復振本地歌仔的「蘭陽戲劇團」、成功承辦台灣區運動會、籌建「蘭陽博物館」，1993 年復刊《宜蘭文獻雜誌》、展開歌仔戲及北管等傳統曲藝傳習、宜蘭縣史館正式開館、宜蘭口傳文學採編等。

　　尤其進入游錫堃第二個任期首年的 1994 年，緊實籌謀的「開蘭 200 週年」紀念系列活動，除廣諮周詢各方見解外，並邀來吳靜吉、陳其南、夏鑄九、李金龍、林盛豐、陳志梧、蘇昭英等各領域方儒碩彥組成「開蘭 200 週年創意小組」，以「宜蘭文獻小組」為幕僚基礎籌擬了《「宜蘭紀念日」200 週年系列活動基本企劃案》，宣示「再造別有天──傳承與更新」全面重建宜蘭的大

企圖，並勾勒涵納廣闊的實現大策略，包括「打開歷史，走出未來」、「社區總體營造」、「歡樂宜蘭年」的年俗振興、呈現宜蘭「水、綠與健康」、打造「兒童的夢土」等廣義文化概念。前述的大文化策略，經投入宜蘭縣政府的官僚科層組織，即形成了地方國家機器全面的動員狀態與行政運轉規則的顛覆，典範轉移的結果顯示在泛文化政策思維對傳統文化行政的貫穿與領航統攝。文化政治具體轉化而為導航地方政府，主軸指令式的系統運轉政府機能統攝於泛文化政策的治理模型，因文化而重整都市規畫，而工程籌建場館、公園、廣場、橋梁等公共建築，而調整學校教育模式，而動員社區、廟宇、社團，而制度化興辦「歡樂宜蘭年」、「宜蘭國際童玩藝術節」、「宜蘭綠色博覽會」、「宜蘭七夕情人節」、「頭城搶孤」等節慶活動。宜蘭外顯的社會面容及內化的集體心理認知，總體的呈現了從文化政治而泛文化政策的治理模型。

第二節　民俗資本的採擇、干預與創造

宜蘭地域社會的身分假設與證成，可理解為此一社群在集體心理結構中有關自我意象與自我定義的共同想像。集體過往生活經驗所層累的民俗質素，成為我群感附著磁場不可或缺的主要熟悉元素與磁能憑藉，重整再現民俗生活記憶，一如重見久別是最容易的愉悅。撫慰當代社會鄉愁心理之餘，民俗資本作為故鄉美學抒懷，也論為地方主體性之政治意義所在，既是目的也是手段，既稱終極關懷實亦為當下務實運用。此等現象，我們可從宜蘭官方介入特定民俗文化的採擇重建與定義詮釋的論述系統窺知一二。

一、傳統民俗文化資本的盤點與應用

宜蘭新文化經驗的構成元素，絕大部分取自於漢族群復古懷古的舊時生活累積或在地墾殖記憶。從最基礎的以河洛話教習，抗爭母語使用權；以官方身分祭吳沙 250 歲誕辰，隱喻漢殖民在地土著化新身分之證成；以復辦頭圍中元普渡搶孤祭俗，紀漢人武裝民團入蘭開疆闢土的集體記憶與敢於挑戰的冒險基因；以在地采風為文本治專史；以河、海、山林及龜山島等自然風物之意象，再現於運動公園、親水公園、縣政中心廣場公園及蘭陽博物館的單面山傾斜造型等視覺詮釋與書寫，具象化故鄉符號以為自明，內供住民抒情的自我凝視與外來者的他視觀賞識別；以漢人家庭圍爐、廟宇清黕及鬧熱祈福的年俗元素，改裝重構為具特定地方味的「歡樂宜蘭年」；以民間本地歌

仔及北管、魁儡等傳統曲藝，為官設劇團及戲劇館之官定文化主角，以別於外來京戲之「國劇」等，是皆地方國家以官方政策與資源，介入採擇、定義與展演或再詮釋、再結構化的民俗過程。

　　以河洛話為主的母語教習，係地方官方用以對抗中央官方「國語政策」的語言政治，是一個以語言文化效應為實質訴求兼及語言政治意涵的形式抗爭，宜蘭縣政府透過自編教材、自訂課程、自創音標、自培師資及聯合黨外執政縣市等，抗爭教育部課程綱領及隱身其後的中原一統意識形態，因語言不平權政策所形成的文化霸權，也形成黨外政治「抗爭有理」的社會動員資源。而予以突顯強化的傳統祭典儀俗、歲時節日及地方風物等特定選項，也是在滿足或豐富官方論述策略或文化政治經營前提的選擇性萃取，若價值中立的純然觀察評論其社會事象的啟動機轉，可觀察到此一文化變遷過程，也是源於地方官方文化領導權的提取與倡導運用。

二、新民俗所形成新傳統的政治規訓效應

　　在宜蘭新文化經驗中，有關「新民俗傳統」的創造及「文化立縣」和「宜蘭傳統」等概念的發明，在台灣地方社會發展的經驗中，是較為特殊且先行的一個特殊區塊。前者，最具代表性的莫過於 1996 年開辦的「宜蘭國際童玩藝術節」及其後 2000 年的「宜蘭綠色博覽會」的發明，及年復一年制度化的在相同時節、相同空間循環再現，在短暫不到 20 年的歷史跨度間，快速層累而為集體情懷與社會資產，知名度洞徹了在地與台灣社會，其展演語境非連結於所在文化體中的傳統歲時或民間信仰或在地既有產業文化，是在吳靜吉提議參照歐洲開發成熟城市經驗的一種觀摩發明。尋求創造富代表性的城市文化節慶的參照指標，主要借鏡如英國蘇格蘭每年八月份的「愛丁堡國際藝術節」（Edinburgh International Festival），涵納音樂、戲劇、舞蹈、藝術博覽會、街頭藝術表演等元素，以古典音樂表演最具代表性；另者，如法國以街頭表演藝術為主的亞維儂藝術節（festival avignon）等歐洲著名節俗，宜蘭縣政府為身歷體會，甚至為此組團踏訪，是一種城市化競爭視野與「有為者亦若是」的經驗參照發明。

　　1994 年，是宜蘭系統性構思地方發展戰略，以綿密方法與過程，激盪醞釀產出具結構性、層次性及行動性的文化政策及實踐方案的關鍵年。籌謀「開蘭 200 週年」里程碑的文獻小組與創意小組，律訂了傳承過去、更新未來的

思路邏輯，所產出《「宜蘭紀念日」200 週年系列活動基本企劃案》，中的打造「兒童的夢土」一項，發展而為時任宜蘭文化中心林德福其後尋求行政院文建會補助的「1996 年宜蘭國際童玩藝術節」，是為當今此一意義豐富且符號性深烙的新創節慶「傳統」的濫觴。200 週年系列企劃中，呈現宜蘭「水、綠、健康」自然環境特質的項目，原在順勢整合「羅東運動公園」1996 年 3 月落成啟用「獻園」典禮，承續陳定南時期起建的政績以增添芳華及住民光榮愉悅感，但一次式的典禮經驗及策展架構，也間接孕育了劉守成時期於 2000 年複製童玩節策辦模式的「宜蘭綠色博覽會」。

而「文化立縣」和「宜蘭傳統」等概念的發明，發展迄今已昇華為宜蘭不容挑戰或更易的基本價值。證諸近年「宜蘭國際童玩藝術節」、「宜蘭綠色博覽會」「歡樂宜蘭年」的策展瓶頸，及台灣各地競相模仿新節慶產業的稀釋效應，活動的市場性已下滑艱難，但仍勉力維持「傳統」，此等新傳統的政治規訓效應，從呂國華聲言「暫停童玩節」，到活動易稱「蘭雨節」，擴大於溪北、溪南三園區，如童玩節形式與內容辦理，仍落得批判滿市，連任失利敗選的結果，即可據以判斷守護宜蘭「新傳統」的價值認知，已形成宜蘭政治與社會的新規範、新倫理，甚至於是新道德了。

三、地方國家對民俗文化的介入機制

綜合歸納本研究中所揭露宜蘭 1980 年代以降的文化重建經驗中，筆者觀察到游錫堃從競選縣長時，開始承諾編輯鄉土教材及母語教學等較具語言政治性質的符號式訴求；到 1991 年策辦「開蘭 195 週年」系列紀念活動及啟動重修縣史，及 1992 年藉「宜蘭縣史館籌備處」的機關化治史一系列重構身分政治屬性的施為機制；再到「開蘭 200 週年」以泛文化為策略的系統性行動框架，架構號之為「文化立縣」的治理過程，實即游錫堃開創並主導文化政治權利空間，掌握地方意義詮釋權、話語權，模式化動員地方社會，介入地方民俗文化重建的干預過程。而此一文化變遷過程的驅策及民俗復振應用經驗的形成，均可驗證的來自前揭相同的動力系統及文化干預機轉。

亦即此一時期宜蘭社會所顯現的文化現象，是從當時台灣社會所倏然解放的開放價值氛圍中，凝結萃取壓抑已久的鄉土身分意識，經由地方的黨外反對運動平台在地輸送傳播，從開放政治的價值較勁中激發成為社會意識，漸進彙納各種訴求概念與價值語彙，發展而為以「文化立縣」的政治修辭，

統攝區域治理思維的證成過程。而這過程，皆繫乎游錫堃所領導地方政團的介入催化，其施為發展模式普遍表現為：由核心智囊群產出原則概念→再行輸入仰山文教基金會及蘭陽文教基金會等菁英社群醞釀策略→進而策略指導宜蘭縣政府各任務委員會及泛縣政顧問團等分別產出實踐方案→再轉化形成各範疇文化政策，透過行政機制驅動縣政府權責單位編組→編納資源遂行於文化行政體系、國民教育體系→以宜蘭社區大學、宜蘭博物館家族協會……等外溢行動團體為中介→連結在地基層社會終端的社區聚落與草根團體動員網絡，形成由點而線而面的社會運動效應。此一動力模式，實即官方在特定意識形態下所蘊意志，輸出動員為一波波廣度與深度兼具的再政治社會化工程，型構了宜蘭地方社會以「文化立縣」的新政治文化，符碼化了宜蘭地方性的識別特質。

第三節　地方知識與地方意義系統與地方情感

　　宜蘭菁英領袖的地方關懷與愛鄉政治，促發了地方研究風氣的繁盛。但經由官方所介入倡導的宜蘭地方知識系統，與一般知識作為客體，普遍自然中性存在的形態稍有不同的是，宜蘭學係從愛鄉情懷及本土政治的論述需求出發，在一定的向度上，豐厚了地方性、也正當化了地方文化自主的主體地位。

一、地方知識與地方學

　　感性望向腳下鄉土的情懷，在宜蘭部分知識菁英投入前述文獻小組、縣史館籌備處等系列性動力組織倡導下，進入了地方知識生產的理性維度。官方的宜蘭史、民間文學、傳統曲藝、博物館學、宜蘭文獻、人文地理等知識產出，在宜蘭縣史館為首所營造的書寫、出版平台中，一定程度的積累了在地基礎知識資料庫。尤其《宜蘭研究》，以研討會型式於學術公共論域激盪後進而主題式出版，持續的、全知識範疇的承載開拓各類地方研究議題，形成了逐漸外擴的學術社群與知識聚落，累進著作出版及學術論文發表量，激發了知識再生產的有機循環。宜蘭縣史館的地方知識文本蒐藏與策展能量，也顯示在基礎知識庫對新知識成果活絡產出的支持上，年度性的蒐藏與策展相激相盪的分別以不同的專業縱深與視角展衍了宜蘭在地知識領域。在地方知識生產輸送系列中，《宜蘭文獻雜誌》自 1993 年元月以雙月發行創刊始，即

立意保存在地鄉土史料、激勵宜蘭地方研究風氣，發行已達 107 期，多次獲得行政院出版獎項，累積了可觀的史料文本及其研究產出。台灣戲劇館的知識成果，著重於本地歌仔戲、北管戲、傀儡戲及布袋戲的民俗文物、曲本、劇碼或曲牌表演影音實錄、田調研究等，其中文本藏量及知識產量最大項目，首推本地歌仔戲，其次才是北管與傀儡戲，是一民間戲曲豐實的知識庫。

蘭陽博物館的年度專題策展議題，率皆圍繞於宜蘭在地人文歷史與自然等知識系列，通常應用館藏的常民生活中的物理性民俗文本。蘭博成立初期的 2004 年，蒐藏有 2543 件，在政策性的多元增藏動物類、地質類等實體標本後，迄今館藏文物已近 9000 件，為地方博物學蓄積了難得的知識文本。其中民俗文本涵括漢人、泰雅及噶瑪蘭等在地族群，有關經濟生產、社會生活及信仰與儀式、生命禮儀、建築工藝、民間知識等類別，該館的代表性典藏包羅了臺灣早期常民飲食用具及承載宗教信仰、民間生活知識等民俗版畫，提供了尋索考證清末迄 1970 年代噶瑪蘭平原民間社會的常民記憶。宜蘭的發掘考古，開始於 1980 年代的交通開發，初期在台大人類學系及中研院民族所的專業下展開，但在宜蘭鄉土文化策略影響及文獻小組成員邱水金特力協力下，開展了一般地方政府少見的考古關懷，自 1998 年發掘丸山遺址、2006 年宜蘭農校〔註 1〕遺址等，出土文本累達 147 萬餘件，裏證了本土先住民族的生活累積，開展了蘭陽平原人文歷史及地方知識的大縱深。在地方研究方面，該館以「作為認識蘭陽平原櫥窗」的在地博物學為範疇，呼應了前述各地方知識生產體系，設定了宜蘭地區人文及自然資源的調查研究及策展、出版的地方知識策略，宜蘭地方研究的資料庫於焉建立。

二、地方學成為地方意義的內容生產者

宜蘭「文化立縣」經驗的形成及其民俗過程，並非隨機隨緣演化形成的自然紋理，已如前論。陳定南打破國民黨對宜蘭地方政治的長期壟斷，膺任首屆黨外縣長後，曾果敢衝撞當時黨國禁忌政治結構，並以環境保護為念力拒台塑集團第六輕油裂解廠進駐宜蘭，諸般政治抵抗及反資本主義掠奪的前衛作為，開始了地方新可能出路的嘗試。游錫堃繼任後，以地方關懷與愛鄉政治援引文獻小組等地方史先行菁英，介入體制展開了治理策略的系統性叩問，經由官方倡導促發了地方研究風氣的繁盛，理路逐漸清晰的定義地方路

〔註 1〕農校依序改制為農專、技術學院，到現今的國立宜蘭大學。

徑，並方向一貫、範疇多元的運營產出地方意義內容。

　　此期間，宜蘭一系列的文化施為，為地方想像共同體提供了一整個符號系統與認知脈絡，其識別特質重複表現於地方發展路徑的澄清。1990 年母語教學課程及鄉土教材政策，在議題式的延續選舉政見，以家鄉的情懷及母語文化的失倫，表達反抗語言霸權的悲情與控訴，意義在拯救鄉土認同與生活文化。1991 年宜蘭縣文獻小組所擬定的〈開蘭 195 週年紀念日系列活動說帖〉，設定吳沙為宜蘭始祖人物，由縣長及縣議會議長以官方儀禮行 260 歲誕辰祭典、謁陵等漢族群祭祖溯源習俗，意義在隱喻漢人身分起點，輔以復舊的頭城中元普渡搶孤及噶瑪蘭族「除瘟祭」，召喚集體記憶，進而以「噶瑪蘭人返鄉尋根」及漢人武力入墾噶瑪蘭的反省歷史劇，尋求原漢族群間的諒解與和解，建構新宜蘭人共融共榮的在地主體身分。相對於開蘭 195 週年紀念復舊的、記憶的、和解的核心語式，1996 年的〈開蘭 200 週年紀念日系列活動企劃書〉，以民俗文化的再結構展演，「再創別有天」壯志，涵納重修宜蘭史、「宜蘭國際童玩藝術節」、「歡樂宜蘭年」及社區總體營造等文化工程，憧憬了揉舊維新的創意性新傳統，論述與行動兼備的再結構了地方史觀、土地認同及主體身分的地方意義系統。

　　宜蘭地方知識雖以學術性文本作為一種理性知能的存在，但之於宜蘭官方預期運用於文化政治場域，發繁以為地方特定的意義內容，其知識力之煥發動機與文化再生產的社會覺醒效能機，則迥異於自然中性存在的一般知識型態，宜蘭學從愛鄉情懷及本土政治階段性的論述需求出發，書寫著在地人的主體性，是一門自我凝視的愛鄉學，愛鄉史學、愛鄉民俗學、愛鄉人類學，更多的成分是愛鄉發展學，牽引著宜蘭往特定的質性路徑前進，累積了可觀的客體知識，但有更多共同軌跡可循的是，普遍遙指一定向度的價值倡導或肯認，重建了地方性、也內化了地方文化自主的主體地位，更賦與了「以文化立縣」的階段性治理經驗，昇華而為「宜蘭傳統」及「宜蘭價值」的正當性。而此一選擇性的發展過程，及所營造的身分認同與外部聲望，也適足以證成地方意義內容的價值性言說與符碼；成就了宜蘭「文化立縣」的令名。

三、官方地方學與社會運動

　　宜蘭「文化立縣」經驗的形成及其民俗過程，一如前論係雲起於地方國家官方政治力量的貫注，是一個文化政治領域中文化領導權的爭執與掌握，

在社會攪動效應上，則表現為一種有意識改造地方社會的集體力量，一種熱切相信從鄉土出發會帶來宜蘭有意義改變的信念，若從社會運動的觀點勾勒宜蘭此期間以來的變遷圖廓，頗符應何明修所指出社會運動的特質是「一、以有組織的方式來要求某一種社會變遷；二、採取常態體制以外的行動（Marx and McAdam, 1994）；三、帶有特定的文化導向（cultural orientation），試圖改變既有社會的運作方式、（To uraine, 1985），或者說，要求打破社會體系的限制（Mel ucci, 1996）」〔註 2〕等現象元素的歸納。祇不過在此要論證指出的是，輸出宜蘭意識與宜蘭價值的社會運動「組織」，是懷抱在野反對意識的「黨外」縣長〔註 3〕所領導統御，以權宜方式內建於體制內的「宜蘭文獻小組」、「宜蘭縣史館籌備處」及「蘭陽文基金會」等核心的思維型組織，循體制運作機轉驅動龐大政府機器，進而動員廣及地方歷史、文化、教育、觀光產業、菁英領袖社團、社區庄頭、廟宇組織等各領域社群，參與分化而為促進各領域變遷的行動實踐組織。宜蘭經驗特殊的是，在游錫堃政府時期所創發或催化的各類文化運動，普遍採取的是抵逆當時政治社會「常態體制以外的行動」，諸如母語教育政策之外於國語政策；宜蘭鄉土歷史地理教材之外於國立編譯館的一統教材；開蘭 195 及 200 週年紀念日的盛大系列之外於開國紀念日的平常；重修宜蘭縣史的鄉土史觀之外於中原史觀方志體例；促成復辦頭城搶孤祭俗之外於戒嚴時期勒令停辦；以官方身分祭墾首吳沙之外於中樞國祭；全面發動公務機器創辦各類節慶遊樂活動之外於政府一般行政；傳習民間傳統戲曲之外於國劇及西劇；縣史館機關化之外於國史館及層層節制的文獻委員會；展演地方的蘭陽博物館之外於故宮、歷史博物館、省立博物館的策展視角；發動庄頭營造的社區主義之外於國族至上的集體主義……等等，系統性非體制的文化元素與施為，皆在於預期實踐 Marx and McAdam 所指出的「試圖改變既有社會的運作方式」及 Mel ucci 所指出的「打破社會體系的限制」，以建構宜蘭的自明性與地方性，泛溢本土主體性思維。

　　宜蘭所經歷的文化發展經驗，因此營造而成一種可觀察的本土文化社會

〔註 2〕何明修：〈探索台灣的社會運動〉收於何明修、林秀幸主編：《社會運動的年代：晚近二十年來的台灣行動主義》（台北：群學，2011 年）。

〔註 3〕「台灣民主進步黨」實於 1986 年即已成立，本研究所論游錫堃，係其 1989～1997 年間任宜蘭縣長之相關施為。此處引用「黨外」一詞，係基於台灣反對運動發展史上一個「非國民黨」即「黨外」的二分法對抗概念，也是賦涵特定義涵與訴求的政治符號。

運動。是一種特殊的集體行動，召喚了地方共同體群體參與的想像，循柔性抵抗的體制外策略，倡導一種先行於當時台灣社會的地方價值。加乘於漸趨解放的台灣解嚴社會，民主化的社會語境及公民主體意識的覺醒所激發的社會力，源湧於各種價值層次、各個社會角落，以各個相異而豐沛的多元議題匯集而成台灣社會洶湧流動的社會變遷。辯證宜蘭以文化立縣的經驗及其民俗過程變遷等，觀察視角也應重新置回同期間台灣社會運動躍然的年代，主社會系統總體結構的解組重構的氛圍與變因，總實際的與各地方、各領域次系統相激相盪互動不斷的。台灣社會公民主體性所渲染的堅韌集體力量，醞釀於對國家絕對主義及資本主義全球化環境掠奪的反動，發而為尋求政治正義、社會正義、環境永續等主流社會價值的社會哲學基底，是為基本影響宜蘭社會所在該時空的主要外環境因素，但筆者於本研究觀察所得，亦發現了作為宜蘭地方所興起的部分民俗文化運動，其影響力也外溢而呈現了台灣社會的部分變遷效應。

　　例如宜蘭母語教學的作為，帶動而為當時民進黨執政各縣市結合中央研究院語言學專家，共同研習創發河洛話拼音系統及教學傳習，多地區俱行之反體制政策，也觸發了民間團體作為社會運動訴求，解構了國家長期的語言教育思維，多元語言政策於焉成形。宜蘭地方田野文史運動及地方研究的盛行，也對所謂的花蓮學、彰化學……等所謂地方學的發展，產生了示範作用，也漸進的激勵活躍了各地區「地方文史工作者」此一在地耕耘角色，甚至促使行政院文建會納之為草根文化行動方案之委託或挹注資源之對象。宜蘭以新史學之專史方法重修縣史的經驗，也使得台灣省文獻會邀約各官史單位借鑑交流，甚至觸發要求建立專屬地方史館、室的政策。而享有知名度的「宜蘭國際童玩藝術節」等由地方政府立節策辦的地方節俗，則帶動了各地複製地方民俗文化節慶的泛嘉年華運動。宜蘭率先回歸庄頭社區的社區主義運動與觀摩交流，更直接加速了行政院文建會主委申學庸及副主委陳其南，形成文化行政部門介入主導國家級的「社區總體營造」關鍵政策等等。宜蘭一系列的民俗文化重建經驗，所形成愛鄉、地方主體性尋求等價值的流動與影響擴散，筆者在本研究的第三、四、五、六等各章均有兼及，限於篇幅則不另贅言了。但其所顯現於地方集體意志的匯聚，地方價值的塑造及當今市民社會滿足感情認同的故鄉情懷依附與抒發等文化再生產的效應波段，則仍方興未艾。

第四節　「宜蘭經驗」的台灣意義

宜蘭經驗的構成，有其主、客觀元素及所屬時空條件。但如前揭研究結果所見，宜蘭在地方治理模式經驗上，放諸於台灣社會，應有其社會行動途徑的建設性示範意義，也開闊了本土文化政治場域；另者其經由民俗過程創發人文價值，以及公共知識份子的社會參與，也為台灣社會投入了進步意識。惟省察反證「宜蘭經驗」，我們發現「抵抗」起之於特定的歷史語境，當今台灣社會已然多元交織，社會意識似應有昇華，不宜耽溺過往絕對兩分的對抗悲情中。

一、示範了泛言論抵抗外的建設性社會行動途徑

1987 年台灣社會解除戒嚴前夕，素來高壓封閉的社會有機體，民間主體意識逐漸匯流壯盛，都人心浮動、眾聲喧嘩的爭相倡議著翻轉社會行動的大方法、大正義，台灣社會醞釀著大衝突的焦慮氛圍的階段，草根政治最前緣的陳定南業於 1981 年入主宜蘭，迅速有效主宰了宜蘭地方國家的統治機器，在宜蘭地方社會激湧起堅韌的社會變革期待與新想像。陳定南深烙宜蘭經驗的社會行動途徑，特質有二：一則以狀似激進但卻流暢明快的政治解構施為，如公開燒毀公務員忠誠檔案，廢除人二政治監控制度，不掛遺像，聲援獨派行動者鄭南榕的言論自由權等等，以衝撞及抵抗痛針舊時壟罩的黨國體制；一則以前衛的環境主義及地方主義，破集體主義意識形態之迷魅。有效激化民間社會的抵抗意識，及地方各種權力場域重組等可觀測的快速質變過程，陳定南經由這般的社會行動途徑，在地方共同體的集體意志中，深層的置入反對運動陣營的抵抗基因，促使了在地價值與地方發展典範的根本轉移。這社會行動途徑所營造的衝突效益，實質表現為地方官僚機器的效率與操守，以及民間共同體意識的動員與對話交集。

游錫堃則進一步將陳定南所奠基的地方主義，開展為地方文化主義。也將對黨國體制的消極抵抗，轉而積極經理產出有利於社會共同體意志擬成及對話協商的價值內核，例如經由復振鄉俗、地方知識化和博物館化、復健母語、重修地方史等一系列新的在地價值盤整，形成策略一貫，社會符號鮮明的地方性與身分認同，歷經地方政治系譜內化實踐為「宜蘭傳統」，展衍「宜蘭經驗」為足堪比較驗證的本土治理創意範式。較諸流於口語及政治感情暢快的泛詭辯式批判與一味分化對立，宜蘭此期間的陳定南及游錫堃兩位先

生，率先在地苦行實踐的創意政治與政治藝術的結果，確實行了不同的路徑，示範了另一種價值。

二、開創了地方文化政治場域，逆取了文化領導權

陳定南以反污染、反資本主義掠奪，堅拒了龐然六輕。地方施政方略上，開發了全新的環境文化價值觀，一則緊抓環境生態至上，守護鄉土資源及田園景觀；二則盤點山水資源，如冬山河的觀光化、籌設親水公園及溪南溪北分闢宜蘭運動公園及羅東運動公園等，藉大型綠美生活空間，營造在地生活品質，同時大氣的重新定義宜蘭的地域價值及另類的地方主義，形成了清新的縣政文化，強勢的主導地方自我定義權與另類的地方發展權的發展經驗，鼓舞了台灣各地方社會勇於做自己；護衛故鄉作為在地的故鄉。

游錫堃在政團智囊精細入裡的共鳴下，擇了條素來冷僻邊陲的軟路徑，不只是文化，還是鄉土文化，是民間生活記憶及日常生活世界的民俗文化。看來擠不出邊際的區塊，游錫堃從課授母語，解放族群語言權入手，軟挑過時的國語政策；繼而編輯人人陌生的故鄉地理、歷史、鄉土民間文學，對仗於普遍熟背的各省遙遠省會及鐵路交會處、條約國及內容及時間等；官方領銜溯循墾民先祖來時路、祭祖、搶孤等，對仗於光輝十月及法統正統；以策展鄉土地景的蘭陽博物館，對仗於皇朝故宮的大內蒐藏等。處處狹處見寬，微處知著的開發了地方文化政治領域，以母親之名、鄉土之名及人文情懷，與「主流」對話、與「大傳統」協商存有空間，及地方為主體的路徑可能性。經由宜蘭的驗證實踐，這一地方文化政治領域調和成熟後所生的政治效應，常外溢台灣各地方社會形成合縱連橫，如黨外七縣市長聯合推動鄉土語言教育的結盟，甚至串燒解構了中央政府長年的國語教育課綱，和涉及語言平權、多元文化觀的語言政策。宜蘭從提高民俗的文化價值，到重建文化自覺與主體自決意識，傳統民間文化的價值都再再值得重估，解碼了傳統民俗撫慰當代人心及堅韌傳承的生命力。

三、育成了關鍵政治人才

陳定南政治風格強烈卻不流於激進淒厲，初入政治行道，即一如江湖新崛的無敵高手負劍策馬入林般，劍指威權社會點點破綻要害，在中央權力壟斷且政治風險絕對的肅殺險境中，卻總能在斯時的「法定」規範中，以法律

人的規制特質認知且謹守「惡法亦法」的絕對風險，以英勇漂亮的風姿進出險要，全身而退之餘更逆轉狂升其社會聲望及輕掠黨外資輩之累，成為宜蘭政治實權共主及台灣黨外社會難以也無法掩抑的稀有政治明星。1989 年縣長任屆後聲望不墜，在政壇上以無黨籍獨行孤俠之姿高票當選宜蘭區域立法委員；1992 年續以無黨籍無法擋的高票，逼使民進黨所提名新潮流系統的林錫耀飲恨敗北；在立委任期中的 1993 年加入民進黨，準備投入 1994 年首次開放直選的台灣省長，並在黨內省長候選人初選中，擊敗創黨的美麗島系元老級對手張俊宏，代表民進黨取得參選資格，以「四百年來第一戰」的來勁政治修辭，擂動戰鼓取得全台 39%選票，雖敗選，卻首次拉抬了台灣反對陣營的全面聲勢。1998 年再度連任立法委員，2000 年台灣首次政黨輪替，以其剛正形象，為陳水扁順勢延攬出任法務部長。至此，開啟宜蘭經驗的陳定南，也在享有了宜蘭經驗的鍛鍊與實證護持光環中，為台灣公共事務及官場文化呈現了更廣闊的社會價值質感，而其一款不變的典型，在台灣民間總仍撫慰著廣大焦慮著典型不再的社群們。甚至，宜蘭許多政治利益追逐者，不誠懇的、廉價的消費陳定南聲望遺產，或悖反陳定南特質的神格化現象，投機尋寶，則是話外閒題了。

　　游錫堃在黃煌雄協調陳定南改投入當屆縣長後，以 33 歲之年如期取得黨外政團支持當選 1981 年台灣省議員，與蘇貞昌及謝三升結盟為省議會「黨外鐵三角」。省議員任期中接受劉守成及田秋堇之議，創辦了衝擊戒嚴報禁的《噶瑪蘭週刊》，以宜蘭為閱聽範疇，參照蔣渭水社會改造途徑，以媒體政論呼應社區草根論政與參政動員，直白批判政治民主、言論自由、黨禁報禁等政治禁忌；論述公共政策、本土人文歷史、二二八事件等議題。對游錫堃而言，一則厚植理念土壤，另則養望，作為長期深耕宜蘭政治的平台與智囊庫。1989年繼陳定南之後膺任宜蘭縣長，在前後任情結及政治輩分較高的瑜亮微妙心理作動下，雖政治外在風格較傾溫婉，但其硬氣自期自許之力勁甚堅。1998年任滿縣長後，選擇脫離地方政治職務競逐，其後獲台北市長陳水扁延攬入主台北捷運公司，從此隨陳水扁政治發展而被委以民進黨祕書長、主席，行政院副院長及院長等重要公職，其穩健、忠誠、勤於協商的政治特質，為陳水扁穩住了當政時的半面江山。宜蘭經驗予游錫堃的政治韌性與穩健厚度，由其後續發騰可見一般。

四、宜蘭經驗與民俗過程，所創發的人文價值以及社會意義實踐

宜蘭經驗形成的主要範式，多是藉由如「宜蘭文獻小組」及「仰山文教基金會」等，以游錫堃為中心的外部智囊激盪獻策後，匯貫而為文化政策雛型，責交縣政府公部門執行，給與行政與經費資源結合民俗文化專家與民俗傳統傳承社區或傳承人，經由公眾民俗學的取徑創發或復振民俗傳統，再語境化為地方意義與身分論述。一系列漸趨完整的傳統民俗資本，形成而為宜蘭「文化立縣」高調口號下實質的人文價值內核，模塑了宜蘭文化面容及文化治理思維，宜蘭的鄉土品味與新民俗風格，由是而成為實踐本土前衛社會意義的見證。

這經驗，首先反映為台灣政治社會中所謂「綠色執政，品質保證」旗幟下，民進黨執掌政權地區相濡以沫的經驗分享，與本土政治品牌結盟擴散現象。澆灌了台灣鄉土主義磁場，形成而為台灣社會抒發當代鄉愁的感情重心區域，這部分可從來回宜蘭體驗鄉園風光或節俗活動而經常性堵車為患，及2008 年停辦「宜蘭國際童玩藝術節」所釀成為全國性事件中檢證。而宜蘭以民俗過程及鄉土主義作為對大中原圖騰的反動，衝撞中央單元化文化權，而後逐漸成型的地方文化自治化及多元文化觀，對台灣當代文化景觀的多彩演繹及實踐過程，也甚具共振共感的觸發意義；實現了以地方知識對抗中央威權，達成文化政策上骨牌效應式的去中心化大戰略。

五、公共知識份子社會參與的進步意識與有效社會行動

早期「宜蘭文獻小組」教職成員熱情於地方文史考據保存，及其後「仰山文教基金會」廣納各界菁英，除了作為游錫堃施政思維的前進視角及意志貫穿者外，外部智囊所外泛形成的地方公共論域，鋪展開為地方知識公共化與應用化的正向循環。地方核心群體，激發了各領域愛鄉社會運動，介入澄清地方價值，重編鄉村社會進步意識，歸納集體意志，清楚而且明確的對台灣社會表達了地方選擇權、地方詮釋權、及發展論述的話語權。公共知識分子對社會行動直接、間接的參與，除了對社會運動的正當性與合理性有效加值，也對當時相對保守的台灣社會，產生了意見與路線領導，直接渲染發酵為對既得利益集團的高張壓力，造成了促使社會變遷的結構性影響及價值典範的轉移。

這般有效的社會行動及宜蘭地方重建的民間評價，反映於宜蘭公眾社會

及他鄉游子社會生活中已普遍大方主動表達：「我來自宜蘭，我是宜蘭人」。「宜蘭人」的住民光榮感，及愛環境、重文化等宜蘭論述的道德化及哲學化，也驗證於大眾媒體多方面對台灣各地方住民意向的比較調查，例如游錫堃執掌宜蘭時：1993 年獲得中國時報縣市長施政滿意度第 3 名、1995 年聯合報基宜花東縣市長施政評價第 1 名、1996 年遠見雜誌針對台灣各縣市長施政滿意度七項指標調查第 1 名、1997 年持續蟬聯遠見雜誌第 1 名。考察於政治選舉，則回饋為地方公民對綠營各類公職選舉對象的忠誠投注，過半的支持度，使得民進黨陣營持續於宜蘭縣長期執政，在台灣版圖中被歸類為綠營鐵票區，20 餘年來的政治屬性與陳定南及游錫堃的開創累積，因果分明。另從 2008 年「宜蘭國際童玩藝術節」停辦，所形成復辦及護衛「童玩節傳統」的社會風暴席捲，則可視為公眾捍衛已然成為集體價值的具體反證。

六、「抵抗」之外的另一章

本個案研究一路縮影探討宜蘭 1980～1990 年代，時值台灣政治上封閉威權、在經濟上一昧附庸資本主義掠奪發展、在思想價值上單元獨霸、在文化態度上唯重中原而輕在地鄉土的社會語境下，宜蘭為尋求地方出路、為主張鄉土文化權、為建構地方主體性等需求，受迫於主、客觀的環境結構所採取的以民俗過程為本的政治抵抗及其所形成之抵抗文化。後驗的，我們可以說此一歷史事件展衍的進程，有其當時台灣大、小社會的相對語境，更有西方現代性全球化擴散下所兼具的：政治上，民主自由主義的普世價值；經濟上，資本主義的工業成長等強勢國際風潮，堂皇而為時代指標性價值及社會變遷發展典範。

而今歷史長廊上 30 年後的跨度，時空俱變，後現代社會價值觀的多元分歧，科技對社會及個體生活的深度顛覆，世俗化政治的表演化及民粹化，大眾傳播媒體的高度商業化，人性、公義觀的權宜交雜辯證，讓我們迎來了一個「英雄不再」卻又「期待英雄」的急速轉幻社會。公共知識分子的光環退位，公共領域成為「大聲公」劇場。彼時的價值論述及主體性的爭執，具備了浪漫主義式的理想性；當今廟堂或有自我意淫為「宜蘭傳統」或「陳定南精神」傳人者，消費公眾集體記憶中的神聖與物件，但場域中時時激情演出著競逐權力的苟且戲碼，話語常淪落為絕對意識形態下的權變執拗。以生態理論觀點，總觀宜蘭經驗的系統性構成，事件史觀下的智慧與知識旨趣豐盛，

但也讓我們觀察到社會行動者在台灣社會當時威權封閉時代，在行動邏輯上高張絕對價值的旗幟，以抵抗回應高壓、以爭執尋求社會文化權協商實踐空間，有其激進解構不義的必要性與合理性；但在台灣進入當下多元開放時期，與其倡議「複製」當時絕對的意識形態，或在公共領域主張唯我獨尊的單一價值絕對主義，延續零和式的絕對衝突鬥爭，只求片面意志及感情期待的實現與貫徹，卻輕忽絕大多數人的價值與最大幸福，筆者毋寧期待相對價值同理協商的宏觀久遠，成為台灣社會溫厚符實且持續向前的新進步意識！

第八章　結　論

　　1980 年代，台灣解除戒嚴，高壓政治桎梏鬆解，社會多頭活力解放迸發
的動態語境中，宜蘭前衛的抵抗政治新論述以及大破大立的政事風格，所激
捲舖陳的宜蘭地方主義浪頭的實踐經驗，是本研究自始至終的核心關照。本
文一系列探索 1980 年代以降的宜蘭文化經驗，尤其關注過程中以游錫堃為首
的在地政團，靈活援引庶民歷史、鄉土論述、住民記憶及民俗資材等元素，
用以開展地方文化政治維度，開創了抵拒國族中心主義的地方話語，有效的
符號化地方意識，使之融入而為宜蘭地方社會差異的群體性（sociality）。

　　針對本研究個案標的，筆者在研究方法上，除守住宜蘭地方國家於 1980
年代中有關「組織—策略」的文獻研究取向之餘，也朝著「文化—意義」的
現象文本詮釋研究取向跨越。實證過程中特別注重質的觀察，力求取證本真
一手文獻，基礎於事實判斷，避免於道德判斷，對文化變遷的過程、動力等
現象，努力以本土文化人類學、公共民俗學、文化研究及文化社會學等相融
視角，以地方社群為觀察對象、歸納整體價值思考傾向，書寫自律以夾敘夾
議，成就「有效觀察」的分析性與「理論解釋」的敘述性兼具一體的研究成
果，逐章廓現「傳統節日」的復刻、「空間記憶」的意義賦與，再到「本地戲
曲」的符號化等系列文化行動。經筆者主按時間軸，追溯歷史成因及其過程；
輔以範疇面，深入實證展開議題互動語境，發現其總體經驗，率皆一以貫之
的發於鄉土價值與身分認同的政治意志。其經驗的要義在：經由開創性的政
治手段與藝術，開發了地方文化政治場域的可能維度，作為地方改造實驗及
意志實踐的操作平台；以民俗復振與文化傳統發明，生成核心論述，藉之以
豐筋強骨的賦與地方身分的想像實體，外之以民俗與文化記憶的柔性人文氣

質，正當化其強勢以地方政治包裹地方文化的文化領導權操作過程，並後驗的證稱之為「文化立縣」、「宜蘭傳統」的治理修辭。

緊臨人口密集鬧熱、消費及變遷互為增強的北台灣都會的宜蘭，因山海寬廣迴繞，而形成地理區隔相對分明的鄉村社會的區位特性，辯證此一特定時空下地域性的經驗本質，從本研究首章所揭研究範圍及問題意識出發，驗證歸納前論第二、三、四、五、六各章所呈理則脈絡，顯示此一社會體 1980年代發軔變遷的核心動力源，實源發於文化權力領導權者的立意施為，在官方主導的政治社會賽局中，「傳統」、「民俗」或塵封的集體記憶事件，被選擇性的放大並賦與意義，或干預再現或創造發明，在修辭論述與意義詮釋的嫁接增華後，鑲嵌而為此一地域社群的新集體記憶（Collective memory），甚或泛道德化而為「宜蘭價值」、「宜蘭傳統」的傳承系譜，階段性的地方發展經驗，在競相附隨的政治話語及住民們新故鄉情懷的發酵提煉下，推昇而為內建特定意識形態及真理化意義價值的新地方民族主義。歸納此期間經由地方政府權力行動，系統性介入民俗文化的變遷軌跡及意義重建所形成「宜蘭經驗」的社會特質有三：首先是，宜蘭以地方主義抵抗中心主義從而解構之，係經由「從體制外而體制內的文化穿透過程」，是一種地方文化政治場域或施政維度的開發，是一個柔軟且漸進的社會過程。其次，宜蘭此期間文化重建的動力源與對文化的定義賦予，實源於地方政府的「干預與創造」，並非源發於民間的社會力。再者，地方政府干預的方法與型模，係經由公部門主導營造「地方知識」的策略與框架，進而媒促發繁而為「地方意義系統」的論述與詮釋，再經由社會動員纏繞以人文情懷，厚植而為豐實的、不可剝離顛覆的、不可批判改易的「地方情感」。以事件軸線及變遷流程觀之，首先源起於意識型態的爭執與分化；繼以重構意義價值體系；終於成就而為對外標誌的地方性，對內滿足以地域感情為中心的身分認同感，亦即一般世俗政治及口語傳播中所熟悉稱許的「地方光榮感」。其藉官方施為促使地方文化變遷的範式概例為：援引體制外因素抵抗既存結構→創造灰階議題以摩擦爭執取得協商空間→獲取進步性解構→復振鄉土民俗文化→論述社群意志修辭滿足身分認同→實踐本土意識而為新主體意志。

本研究的意義與成果，在驗證了宜蘭地方主義興起的社會現象，是對戰後台灣威權壟斷的政治生態及環境毀壞為代價的掠奪式資本經濟發展型式的一種反動，在政治的動員下，表現為地方發展路徑的鬥爭與選擇等假設。地

方黨外政團在傳統政治場域中，開發了文化政治場域，漸強的創造了公共領域的話語權及社會意義的詮釋權，主導了文化領導權後，實踐了生態為上的「環保立縣」及經由民俗過程確立了「文化立縣」的地方性典範及地方意義系統。本研究，在知識運用與知識生產上，從核心問題意識出發，採擇整合多領域概念工具，多維度與多層次澄清本個案研究標的區域的文化變遷過程。是民俗學的，也是文化人類學的，也是社會學的，也是政治社會學的，也是社會心理學的。宜蘭 1980 年代以降的發展路徑與特質，除了如前述：是意識形態的、是政治信念、是政治立場、是地方主義、是民俗主義、是鄉土主義等本土主義政治策略下的文化重建。但宜蘭經驗中對民俗文化所涵蘊鄉土情懷與人文價值的珍惜執著；敢與眾不同的以地方主義映諫中心主義的欠缺與極限；以總體戰略層次，拉昇文化政策為地方哲學的格局遠見；有方法、有節奏、有創意的文化治理與地方治理，應都是足堪借鑑與珍惜的台灣經驗、台灣社會的文化資本。

　　宜蘭經驗的可運用性及其限制，受限於在不同的社會體中，因所處時空語境的差異，及主其事關鍵人物的特質與意志。傳統被選擇性的創造或發明，常表現為特定社群新集體記憶（Collective memory）的被形構、塑造甚或再道德化，在本宜蘭個案研究中所側觀到的變遷軌跡及意義重建光影，適足以由小窺大的洞見社會及權力結構轉換的過程及社會行動鑿痕，宜蘭經驗中思想與社會變遷交光互影之處，讓我們體察到社會脈絡在意識型態的分化、爭執等驅動下，所伴隨產生的意義價值體系的解構與再結構等本質性流變，這正是標誌於外的地方性，凝聚於內的身分認同，也正是世俗政治所宣稱的地方光榮感，惟若時空語境與關鍵人物無法有效有機的嫁接，那經驗也將只是一幅美麗的文化風景，可觀賞批判卻難以複製再現。再者從社會史的人文哲學思考，全球在地化與在地全球化、菁英文化（Elite culture）與庶民文化（Popular culture）、主流文化與次文化、華漢文化與台灣文化、城市文化與鄉村文化之間的互動與調融，循環辯證而不絕然斷裂，仍然是我等人文關懷研究者們，大哉問的省思面向與研究課題！

參考書目

一、古籍

1. 不著撰人：《台灣府輿圖纂要》（台北：台灣省立台北圖書館藏，清同治年間撰，抄本）。

2. 柯培元：《噶瑪蘭志略》卷一〈建置志〉（台中：臺灣省文獻委員會 1993 年 6 月印 1837 年本）。

3. 姚瑩：〈噶瑪蘭原始〉，收錄於《廳誌》卷之七，雜識上，紀略。

4. 姚瑩：《東槎紀略》（台北：國史館台灣文獻館，道光 9 年撰著，1996 年）。

5. 黃叔璥：〈番俗六考〉，《台海使槎錄》，臺灣文獻叢刊第四種（台北：臺灣銀行經濟研究室，1957 年）。

6. 楊廷理：〈議開台灣後山噶瑪蘭及蛤仔難節略〉，收錄於《廳誌》卷之七，雜識，紀人。

二、專著

1. 丁仁傑：《重訪保安村：漢人民間信仰的社會學研究》（台北：聯經，2013 年）。

2. 丁仁傑：《當代漢人民眾宗教研究：論述、認同與社會再生產》（台北：聯經，2009 年）。

3. 王明珂著：《華夏邊緣──歷史記憶與族群認同》（台北：允晨，2005）。

4. 王見川、李世偉：《台灣的宗教與文化》（台北：博揚文化，1999 年）。

5. 王見川、李世偉：《台灣的民間宗教與信仰》（台北：博揚文化，2000 年）。

6. 王曉葵：〈日本民俗學的新視野〉，見《民俗學的理論、歷史與方法》（北京：商務印書館，2006 年）。

7. 王振寰：〈權力與政治體系〉，收錄於與瞿海源共同主編之《社會學與台灣社會》（台北，巨流，1999 年）。

8. 王振寰、瞿海源：《社會學與台灣社會》（台北：巨流，1999 年）。

9. 王安祈：《當代戲曲》（台北：三民，2002 年）。

10. 王志弘：〈文化政策與文化治理〉，收錄於吳天泰《多元文化》（臺北：二魚文化出版，2008 年）。

11. 王志弘：〈論異類空間〉收錄於王志弘《空間──社會理論選讀》上冊（未發行，2000 年）。

12. 王志弘：〈文明化與奇魅化：當代文化治理的內蘊衝突〉收錄於王志弘等《文化治理與空間政治》（台北：群學，2011 年）。

13. 王志弘：《文化治理與空間政治》（台北：群學，2011 年）。

14. 文化環境工作室：《社區資源處處寶》社區學習讀本（宜蘭：宜蘭縣立文化中心，1998 年）。

15. 石萬壽：《台灣的媽祖信仰》（台北：台原，2000 年）。

16. 安德明：《重返故園──一個民俗學者的家鄉歷程》（南寧：廣西人民出版社，2004 年）。

17. 朱元鴻：〈實用封建論：集體記憶的敘事分析〉，《我們活在不同的世界：社會學框作筆記》（台北：唐山出版社，2000 年）。

18. 行政院文建會：《創藝之國──澳大利亞文化政策》（台北：行政院文建會，1994 年）。

19. 仰山文教基金會：《全國社區總體營造博覽會記事》（宜蘭：宜蘭文化中心，1997 年）。

20. 何衛華、謝海燕：〈去殖民性與第三世界的共同知識立場〉，《和諧的願景與去殖民化的世界想像—理論研究—理論文革》（北京：中國中央編譯局，2012 年）。

21. 李亦園：〈社會變遷與宗教皈依：一個象徵人類學理論模型的建立〉，《台北：中央研究院民族學研究所集刊》地 56 期（台北：中央研究院民族所，1983 年）。

22. 李亦園：《田野圖像：我的人類學研究生涯》（台北：立緒，1999 年）。

23. 李威宜：〈去殖民與冷戰初期臺灣博物館建置的國族想像（1945～1971）〉，收錄於王嵩山主編《博物館、知識建構與現代性》（臺中：國立自然科學博物館，2005 年）。

24. 李乾朗：《遊園訪勝──國立傳統藝術中心建築群導覽手冊》（宜蘭：國立傳統藝術中心，2002 年）。

25. 李筱峰：〈議壇「小鋼炮」──郭雨新〉，收錄於《臺灣近代名人誌（一）》（台北：自立晚報，1987 年）。

26. 邱水金：《清代蘇澳開發之初探》（未出版）。

27. 邱坤良：〈訪楊麗花談歌仔戲〉，收錄於邱坤良《民間戲曲散記》（台北：時報出版，1979 年）。

28. 邱坤良：《民間戲曲散記》（臺北：時報出版，1979 年）。

29. 邱坤良：《野臺高歌》（臺北：皇冠，1980 年）。

30. 邱坤良：《現代社會的民俗曲藝》（臺北：遠流，1983 年）。

31. 邱坤良：《舊劇與新劇：日治時期台灣戲劇之研究》（台北：自立晚報，1992 年）。

32. 邱坤良：《台灣劇場與文化變遷──歷史記憶與文化觀點》（台北：臺原，1997 年）。

33. 邱坤良：《南方澳大戲院興亡史》（台北：INK，2007 年）。

34. 邱彥貴：〈頭城搶孤──歷史、祭典與工藝：歷史篇〉收於林正芳主編：《頭城搶孤──歷史、祭典與工藝》（宜蘭：宜蘭縣立博物館，2011 年）。

35. 余秋雨：《中國戲劇史》（台北：天下文化，2007 年）。

36. 呂訴上：〈台灣歌仔戲史〉收錄於呂訴上《台灣電影戲劇史》（呂訴上自行出版，1991 年）。

37. 呂紹理：《台灣展示：權力、空間與殖民統治的形象表達》（台北：麥田出版，2005 年）。

38. 何春蓀：《台灣地質概論》（台北：經濟部地質調查所，1986 年）。

39. 何秀煌：〈歷史的「詮釋」和歷史的「還原」──對於「宜蘭研究」的一些思考〉收錄於何秀煌《傳統‧現代與記號學──語言‧文化和理論的移植》（台北：東大圖書，1997 年）。

40. 何明修：〈探索台灣的社會運動〉收錄於何明修、林秀幸主編《社會運動的年代：晚近二十年來的台灣行動主義》（台北：群學，2011 年）。

41. 杜正勝：〈從國家主義到世界主義──國立故宮博物院的新思維〉，收錄於《台北故宮博物院「國際博物館館長高峰會議」手冊》（台北：故宮，2004 年）。

42. 吳秀玉、高雙印：《開蘭始祖──吳沙之研究》（台北：師大書苑，1997 年）。

43. 吳定：《行政學》（台北：國立空中大學，2002 年）。

44. 金榮華：〈游魚和魚乾──論民間藝文和現代科技〉，收錄於《民間文學年刊》第 2 期增刊（花蓮：國立東華大學民間文學研究所，2009 年）。

45. 林清池：《太平山開發史》（宜蘭：浮崙小築文化，1996 年）。

46. 林清池：《太平山林業開發史》（台北：吳三連台灣史料基金會，1996 年）。

47. 林鴻忠：《太平山的故事》（台北：農委會林務局，2006 年）。

48. 林慶勳：〈臺灣閩南語發展大事記〉收於林慶勳《臺灣閩南語概論》（台北：心理出版社，2001 年）。

49. 林義雄、姚嘉文：《虎落平陽——選戰、官司、郭雨新》（台北：林義雄律師事務所，1977 年）。

50. 林美容：〈彰化媽祖的信仰圈〉，《中央研究院民族學研究所集刊》第 68 期（台北：中研院民族學研究所，1989 年）。

51. 林美容：《台灣人的社會與信仰》（台北：自立晚報社，1993 年）。

52. 林美容：《彰化媽祖信仰圈內的曲館》（南投：台灣省文獻會，1997 年）。

53. 林美容：《信仰、儀式與社會》（台北：中央研究院民族學研究所，2003 年）。

54. 林美容：《媽祖信仰與漢人社會》（黑龍江：黑龍江人民出版社，2003 年）。

55. 林美容、張珣、蔡相煇：《媽祖信仰的發展與變遷》（台北：台灣宗教學會，2003 年）。

56. 林美容、陳儀深、葉海煙、林有土等著：《台灣社會——從移民社會、多元文化到土地認同》（台北：允晨，2005 年）。

57. 林美容：《媽祖信仰與台灣社會》（台北：博揚文化，2006 年）。

58. 林美容：〈由祭祀圈到信仰圈——台灣民間社會的地域構成與發展〉收錄於《媽祖信仰與台灣社會》（台北：博揚，2006 年）。

59. 林鋒雄：〈台灣戲劇館的規劃旨趣及其機能〉收錄於宜蘭縣立文化中心編《台灣戲劇館專輯》（宜蘭：宜蘭縣立文化中心，1993 年）。

60. 林鋒雄、林茂賢、林鶴宜、鄭英珠：《老歌仔的守護神——陳旺欉藝師紀念專輯》（宜蘭：宜蘭縣文化局，2006 年）。

61. 林鋒雄、鄭英珠、藍素娟：《老歌仔的容顏》（宜蘭：宜蘭縣政府文化局，2006 年）。

62. 林茂賢：《歌仔戲表演型態研究》（台北：前衛，2006 年）。

63. 林鶴宜：《從田野出發——歷史事腳下的台灣戲曲》（台北：稻鄉，2007 年）。

64. 林鶴宜：〈台灣戲劇歷史十二題〉收錄於林鶴宜《從田野出發：歷史視角下的台灣戲曲》（台北：稻鄉，2007 年）。

65. 林鶴宜、蔡欣欣：《光影、歷史、人物：歌仔戲老照片》（宜蘭：傳藝中心，2005 年）。

66. 林信華：《文化政策新論——建構台灣新社會》二版（台北：揚智，2009 年）。

67. 林信華：《社會符號學》（上海：東方出版，2011 年）。

68. 林果顯：《中華文化復興運動推行委員會之研究（1966～1975）：統治正當性的建立與轉變》（台北：稻香出版，2005 年）。

69. 林清江：《教育社會學新論——我國社會與教育關係之研究》（台北：五南出版，1998 年）。

70. 林志恆:《蘭陽之子游錫堃》(台北:天下遠見,1998 年)。

71. 林繼富、王丹:《解釋民俗學》(武漢:華中師大出版社,2006 年)。

72. 林正芳:《頭城搶孤——歷史、祭典與工藝》(宜蘭:宜蘭縣立博物館, 2011 年)。

73. 林正芳:《宜蘭的日本時代》(宜蘭:蘭陽博物館,2016 年)。

74. 林徐達:〈地方知識的回返〉,《詮釋人類學:民族誌閱讀與書寫的交互評 註》(苗栗:桂冠圖書,2015 年)。

75. 來新夏:《中國地方志》(台北:台灣商務印書館,1995 年)。

76. 孟憲忠:《諾貝爾文學獎作家的人生之旅》(台北:智慧大學,1993 年)。

77. 周星:〈藝術人類學及其在中國的可能性〉收錄於周星主編《中國藝術人 類學基礎讀本》(北京:學苑出版社,2011 年)。

78. 周星:〈從「傳承」的角度理解文化遺產〉,收錄於周星主編《民俗學的 歷史、理論與方法》(上冊,北京:商務印書館,2006 年)。

79. 胡惠林:《文化政策學》(上海:文藝出版,2003 年)。

80. 胡興華:《海洋台灣》(台北:農委會漁業署,2002 年)。

81. 胡興華:《台灣的漁業》(台北:遠足出版社,2003 年)。

82. 洪士峰:《Cheers 雜誌》第 6 期(台北:天下雜誌社,2011 年)。

83. 施正峰:《台灣客家族群政治與政策》(台北:翰蘆圖書,2004 年)。

84. 施添福:《蘭陽平原的傳統聚落——理論架構與基本資料》下冊(宜蘭: 宜蘭縣立文化中心,1996 年)。

85. 姚一葦:〈戲劇與人生〉為邱坤良《日誌時期台灣戲劇之研究》序文(台 北:自立晚報出版部,1992 年)。

86. 高宣揚:《當代社會學理論》(台北:五南出版,1998 年)。

87. 高宣揚:《後現代論》(台北:五南,1999 年)。

88. 高宣揚:《布爾迪厄》(台北:生智,2002 年)。

89. 高丙中:〈文本和生活:民俗研究的兩種學術取向〉,收錄於周星主編《民 俗學的歷史、理論與方法》上冊(北京:商務印書館,2006 年)。

90. 高丙中:《中國人的生活世界:民俗學的進入路徑》(北京:北京大學出 版社,2010 年)。

91. 高丙中:《日常生活的文化與政治——見證公民性的成長》(北京:社會 科學文獻出版社,2012 年)。

92. 高淑媛:《宜蘭縣史大事記》(宜蘭:宜蘭縣政府 2004 年)。

93. 徐宗國:〈紮根理論研究法〉,收錄於胡幼慧主編《質性研究》(臺北:巨 流,1997 年)。

94. 荊子馨著，鄭力軒譯：《成為日本人：殖民地台灣與認同政治》（台北：麥田出版，2006 年）。

95. 夏鑄九：《理論建築：朝向空間實踐的理論建構》（台北：台灣社會研究雜誌社，1992 年）。

96. 郭惠娜、林衡哲編：《郭雨新紀念文集》（台北：前衛出版社，1988 年）。

97. 郭肇立：《從「現代性」解讀台灣建築，台灣建築之美》（台北：行政院文建會攝影專輯，2004 年）。

98. 郭廷以：《台灣史事概說》（台北：正中書局，1970 年）。

99. 陳進傳：《清代噶瑪蘭古碑之研究》（彰化：左羊出版社，1989 年）。

100. 陳進傳：《宜蘭本地歌仔：陳旺欉生命紀實專輯》（台北：傳藝中心籌備處，2000 年）。

101. 陳進傳：《宜蘭漢人族群研究》（宜蘭：宜蘭縣文化局，2003 年）。

102. 陳嘯高、顧曼莊：〈福建和台灣的劇種——薌劇〉收錄於伊兵主編《華東戲曲劇種介紹》第三集（上海：新文藝，1995 年）。

103. 陳健銘：〈錦歌過海成歌仔——解開有沒有「錦歌」之迷〉收錄於陳健銘《野台鑼鼓》（台北：稻鄉，1989 年）。

104. 陳健銘：〈從「行歌互答」到「本地歌仔」〉收於其《野台鑼鼓》（台北：稻鄉，1989 年）。

105. 陳昌文：《社會心理學》（台北：文京，2004 年）。

106. 陳其南：〈文化發展的程式〉，收錄於《文化結構與神話——文化的軌跡（上冊）》（台北：允晨文化，1986 年）。

107. 陳其南：《台灣的傳統中國社會》（台北：允晨，1987 年）。

108. 陳其南：〈文化的魅力‧台灣的期待〉為陳賡堯《文化‧宜蘭‧游錫堃》序文（台北：遠流，1998 年）。

109. 陳其南、王尊賢：《消失的博物館記憶：早期台灣的博物館歷史》（台北：國立台灣博物館，2009 年）。

110. 陳其南：《台博物語：台博館藏早期台灣殖民現代性記憶》（台北：國立台灣博物館，2010 年）。

111. 陳志榮：〈宜蘭平原噶瑪蘭族之來源、分佈與遷徒一以哆囉美遠社、猴猴社為中心之研究〉，收錄於《平埔族群的區域研究論文集》（台北：中研院民族所，1998 年）。

112. 陳賡堯：《文化‧宜蘭‧游錫堃》（台北：遠流，1998 年）。

113. 陳賡堯：〈宜蘭文化大事記 1990～1997〉收錄於氏著《文化‧宜蘭‧游錫堃》（台北：遠流，1998 年）。

114. 陳菊：《郭雨新與台灣戰後民主運動》（台北：吳三連臺灣史料基金會，

1994 年)。

115. 徐惠隆：《蘭陽的歷史與風土》（台北：臺原出版社，1993 年）。

116. 徐亞湘：《日治時期台灣戲曲史論——現代化作用下的劇種與劇場》（台北：南天，2006 年）。

117. 姚一葦：《戲劇原理》（台北：書林，2004 年）。

118. 張婉真：《論博物館學》（台北：典藏藝術家庭，2005 年）。

119. 張譽騰：《生態博物館——一個文化運動的興起》（台北：五觀出版，2004 年）。

120. 張正霖：〈博物館、公共性與國族建構：以十九世紀之倫敦國家畫廊為分析對象〉，收錄於王嵩山主編《博物館、知識建構與現代性》（臺中：國立自然科學博物館，2005 年）。

121. 張珣：《文化媽祖——台灣媽祖信仰研究論文集》（台北：中研院民族所，2003 年）。

122. 張珣：《媽祖‧信仰的追尋》（台北：博揚，2008 年）。

123. 黃應貴：《反景入森林——人類學的觀照、理論與實踐》（台北：三民，2008 年）。

124. 黃美英：《台灣媽祖的香火與儀式》（台北：自立晚報，1994 年）。

125. 黃淑瑩：《家，遮是博物館》（宜蘭：宜蘭縣立蘭陽博物館，2012 年）。

126. 黃錦峰：〈宜蘭縣社區營造的軌跡——一場社會運動的檢視與價值論述〉，收錄於《「96 年度宜蘭縣社區營造中心」社造論壇——宜蘭的共同未來—社造‧生活‧永續》（宜蘭：仰山文教基金會，2008 年）。

127. 黃光男：《樓外青山：文化‧休閒‧類博物館》（台北：典藏藝術家庭，2011 年）。

128. 黃應貴：《反景入森林——人類學的觀照、理論與實踐》（台北：三民書局，2008 年）。

129. 黃國禎：《解構宜蘭經驗：邁向想像的地方認同——1990～2000》（作者自行出版，2002 年）。

130. 黃英哲：《「去日本化」「再中國化」戰後台灣文化重建 1945～1947》（台北：麥田出版，2007 年）。

131. 黃丁盛：《台灣的節慶》（新北市：遠足文化，2003 年）。

132. 黃雯娟：《台灣地名辭書卷一：宜蘭縣》（台北：國史館台灣文獻館，2000 年）。

133. 連橫：《台灣通史》（台北：眾文，1979 年）。

134. 連雅堂：〈吳沙列傳〉收錄於《台灣通史》卷三十二，列傳四（台北：台灣銀行，1962 年）。

135. 莫光華：《台灣各類型地方戲曲》（台北：南天，1999 年）。

136. 許仟：《歐洲文化與歐洲聯盟文化政策》（台北：樂學，1999 年）。

137. 盛清沂：《台灣史》（台中：台灣文獻委員會，1977 年）。

138. 盛清沂：〈吳沙傳〉，收於陳澤主編：《台灣先賢先烈專輯》第三輯（台中：台灣文獻委員會，1978 年），頁 55～56。

139. 游謙、施芳瓏：《宜蘭縣民間信仰》（宜蘭：宜蘭縣政府，2003 年），頁 299～300。

140. 游勝冠：《殖民主義與文化抗爭：日據時期臺灣解殖文學》（台北：群學出版，2012 年）。

141. 馮偉才：〈文化研究學者對霸權（Hegemony）的解釋〉收錄於馮偉才編《從現代主義到現實主義——台灣鄉土文學論論文集》（香港：一山書屋，1978 年）。

142. 彭懷恩：《社會學概論》（臺北：風雲論壇出版社，1996 年）。

143. 須文宏：《童玩藝術節歷年團隊分析》（未出版，2002 年）。

144. 揭陽：《國族主義到文化公民——台灣文化政策初探》（台北：行政院文建會，2006 年）。

145. 曾永義：《台灣歌仔戲的發展與變遷》（台北：聯經，1993 年）。

146. 楊利慧、安德明：〈美國當代民俗學的主要理論和方法〉，收錄於周星主編《民俗學的歷史、理論與方法》下冊（北京：商務印書館，2006 年）。

147. 楊欽年：《詩說噶瑪蘭》（宜蘭縣文化局，1990 年）。

148. 楊南郡：《台灣百年前的足跡》（台北：玉山社，1996 年）。

149. 楊馥菱：《台閩歌仔戲之比較研究》（台北：學海，2001 年）。

150. 楊馥菱：《台灣歌仔戲史》（台中：晨星，2002 年）。

151. 楊念群：《空間、記憶、社會轉型——「新社會史」研究論文精選》（上海：人民出版社，2001 年）。

152. 楊俐芳：《劇場經營管理》（台北：文化大學，2003 年）。

153. 詹素娟：〈宜蘭平原噶瑪蘭族來源、分佈與遷徙——以哆囉美遠社、猴猴社為中心之研究〉，收錄於潘英海、詹素娟主編：《平埔研究論文集》（台北：中研院台灣史研究所籌備處，1995 年）。

154. 詹素娟：〈族群與宜蘭歷史〉，收錄於《台灣之窗》（台北：吳三連台灣史料基金會，2001 年）。

155. 廖炳惠：《關鍵詞》（台北：麥田出版，2003 年）。

156. 廖風德：《清代之噶瑪蘭》（台北：正中，1990 年）。

157. 趙世瑜：《狂歡與日常：明清以來的廟會與民間社會》（北京：三聯書店，2002 年）。

158. 鄭振鐸：《中國俗文學史》（台北：明倫書局，1971 年）。

159. 鄭聲、陳雪：《陳定南前傳》（台北：商周文化，1994 年）。

160. 蔡欣欣：《百年歌仔：2001 年海峽兩岸歌仔戲發展交流研討論文集》（宜蘭：傳藝中心，2003 年）。

161. 蔡龍保：《推動時代的巨輪：日治中期的臺灣國有鐵路（1910～1936）》四版一刷（台北：臺灣書房，2012 年）。

162. 蔡季勳：《臺灣社區總體營造的軌跡》（臺北：行政院文建會，1999 年）。

163. 潘芸萍：《樹大好遮蔭——宜蘭縣老樹傳奇》（台北：行政院農委會，1995 年）。

164. 劉枝萬：《台北市松山祈安建醮祭典》（台北：中央研究院民族所，1967 年）。

165. 劉俊廷：〈頭城搶孤——歷史、祭典與工藝：祭典篇〉收錄於林正芳主編《頭城搶孤——歷史、祭典與工藝》（宜蘭：宜蘭縣立博物館，2011 年）。

166. 劉俊裕：《全球在地文化：都市文化治理與文化策略的形構，藝文節慶、賽事活動與都市文化形象》（台北：台灣藝術大學，2013 年）。

167. 劉紀蕙：《孤兒‧女神‧負面書寫：文化符號的徵狀式閱讀》（台北：立緒文化，2000 年）。

168. 劉文駿、王威傑、楊森豪：《百年台灣鐵道》（台北：果實出版，2003 年）。

169. 盧梅芬：〈從殖民同化到多元尊重的新國族論述探討國家級博物館、國家敘述與原住民的關係〉，《博物館學季刊》（台中：國立自然科學博物館，2012 年 7 月）。

170. 蕭宗煌：〈從日治時期臺灣總督府博物館的殖民現代性——論臺灣博物館系統的建構願景〉（台北：台北藝術大學藝管所碩士論文，2007 年）。

171. 蕭新煌：《台灣社會文化典範的轉移》（台北：立緒，2002 年）。

172. 謝國鐘：《冬山河的八十年代——一段人與土地的深刻對話》（新北市：遠足文化，2015 年）。

173. 韓琛：〈幻燈事件、帝國之眼與入戲的觀眾：近代東亞「新視／世界」中的魯迅及其文學〉，《第十一屆國際青年學者漢學會議：域外經驗與中國文學史的重構》（嘉義：中正大學，2012 年）。

174. 簡秀珍：《環境、表演與審美——蘭陽地區清代到 1960 年代的表演活動》（台北：稻鄉，2005 年）。

175. 簡浴沂：《蘇澳采風》（宜蘭：蘇澳鎮公所，2001 年）。

176. 簡浴沂：《北方澳回顧：消失的漁村》（宜蘭：蘇澳鎮公所、蘇澳區漁會、進安宮，2003 年）。

177. 龔鵬程：《文化符號學》（台北：學生書局，1992 年）。

178. 龔宜君：《宜蘭縣人口與社會變遷》（宜蘭，宜蘭縣政府，2001 年）。

179. 小熊英二著，黃阿有等譯：《日本人的國境界》（嘉義：國立嘉義大學台灣文化研究中心，2011 年）。

180. 中村孝志著，賴永祥譯：《台灣史研究初集》（台北：三民書局，1970 年）。

181. 片岡巖：《台灣風俗誌》（台北：大立，1986 年）。

182. 田中直溫：《平埔蕃調查書》（宜蘭廳長手抄本，1909 年）。

183. 安倍明義：《台灣地名研究》（台北：武陵出版社，1987 年）。

184. 吉見俊哉，蘇碩斌等譯：《博覽會的政治學》（台北：群學，2010 年）。

185. 吉野耕作，劉克申譯：《文化民族主義的社會學——現代日本自我認同意識的走向》，（北京：商務印書館，2004 年。）

186. 河野真：〈現代社會與民俗學〉，收錄於《民俗學的理論、歷史與方法》（北京：商務印書館，2006 年）。

187. 伊能嘉矩：《台灣蕃政志》（台北：古亭出版社，1937 年）。

188. 菅豐：〈日本現代民俗學的「第三條路」——文化保護主義、民俗學主義及公共民俗學〉，收錄於《民俗研究》2011 年第 2 期（濟南：山東大學，2011 年）。

189. 福田亞細男：〈日本民俗學的至今為止和從今以後〉，收錄於《民俗研究》2015 年第 3 期（濟南：山東大學，2015 年）。

190. 野島剛：《ふたつの故宮博物院》（台北：新潮社，2011 年），《兩個故宮的離合：歷史翻弄下兩岸故宮的命運》（台北：聯經，2011 年）。

191. 藤崎濟之助：《台灣全誌》（台北：成文出版社，1927 年）。

192. 藤崎濟之助著，林呈蓉譯：《樺山資紀蘇澳行》（台北：玉山出版社，2004 年）。

193. Ann Gray 著，許孟芸譯：《文化研究：民族誌方法與生活文化》（Research Practice for Cultural Studies Ethnographic Methods And Lived Cultures）（台北：韋伯文化，2012 年）。

194. Benedict Anderson 著，吳叡人譯：《想像的共同體》（Imagined Community）（台北：時報出版，2010 年）。

195. Connerton p. 著，納日碧力戈譯：《社會如何記憶》（How Societies Remember）（上海：上海人民出版社，2000 年），頁 1～2、76～77。

196. Chris Barker 著，羅世宏等譯：《文化研究：理論與實踐（二版）》（Cultural Studies Theory and Practice）（台北：五南，2010 年）。

197. Clifford Geertz 著，楊德睿譯：〈地方知識〉收錄於《地方知識：詮釋人類學論文集》（Local Knowledge: Further Essays in Interpretive Anthropology）（台北：麥田，2007 年）。

198. Duncan, Carol 著，王雅各譯：《文明化的儀式：公共美術館之內》（Civilizing Rituals: Inside Public Art Museums）（台北：遠流，1998 年）。

199. David K. Jordan 著，丁仁傑譯：《神‧鬼‧祖先：一個台灣鄉村的民間信仰》（台北：聯經，2012 年）。

200. Emile Durkheim 著，芮傳明等譯：《宗教生活的基本形式》（台北：桂冠出版社，1992 年）。

201. Eric J. Hobsbawm 著，李金梅譯：《民族與民族主義》（Nations and Nationalism since）（臺北：麥田出版，1997 年）。
Eric Hobsbawm 著，陳思仁譯：《被發明的傳統》（台北：貓頭鷹文化，2002 年）。

202. Foucault, Michel 著，劉北成譯：《規訓與懲罰——監獄的誕生》（北京：生活‧讀書‧新知三聯書店，2003 年）。

203. Feuchtwang, Stephan 著，趙旭東譯：《帝國的隱喻》（江蘇：江蘇人民出版社，2008 年）。

204. Ferdinand Tönnies 著，林榮遠譯：《共同體與社會：純粹社會學的基本概念》（北京：北京大學出版社，2010 年）。

205. George Leslie Mackay 著，林晚生譯：《福爾摩沙紀事：馬偕台灣回憶錄》（From far Formosa）（台北：前衛，2007 年）。

206. Gerard Monnier 著，陳麗如譯：《法國文化政策——從法國大革命至今的文化藝術機制》（台北：五觀，2007 年）。

207. Harvey, David 著，閻嘉譯：《後現代的狀況——對文化變遷支援起的探究》（The Condition of Postmodernity: An Enquiry into the Origins of Cultural Change. Blackwell）（北京：北京商務出版，1989 年）。

208. Hobsbawn, Eric and Terence Ranger Lash, Scott, and John Urry 著，趙偉妏譯：《符號與空間的經濟分析》（Economies of Signs and Space, Sage Publications）（台北：韋伯文化，2010 年）。

209. John Tomlinson 著，證榮元、陳慧慈譯，《文化全球化》（Globalization and Culture）（台北：韋伯文化，2003 年）。

210. Harvey, David 著，閻嘉譯：《後現代的狀況—對文化變遷支援起的探究》（The Condition of Postmodernity:An Enquiry into the Origins of Cultural Change. Blackwell）（北京：北京商務出版，1989 年）。

211. Maurice Halbwachs 著，畢然、郭金華譯：《論集體記憶》（On Collectuve Memory）（上海：上海人民出版社，2002 年）。

212. Manuel Castells 著，夏鑄九、黃麗玲等譯：《認同的力量（The Power of Identity)》（台北：唐山，2002 年）。

213. M. Mead 著，周曉虹、周怡譯：《文化與承諾：一項有關代溝問題的研究》

（河北：河北人民出版社，1987年）。

214. Pick, John 著，江靜玲譯：《藝術與公共政策》（The Arts in a State: A Study of GovernmentArts Policies from）（台北：桂冠出版，1995年）。

215. Prasenjit Duara 著，王福明譯：《文化·權力與國家：1900～1942年的華北農村》（南京：江蘇人民出版社，2008年）。

216. Peter Burke 著，江政寬譯：《歷史學與社會理論》（台北：麥田，2002年）。

217. S. Steven Sangren 著，丁人傑譯：《漢人的社會邏輯：對於社會再生產過程中「異化」角色的人類學解釋》（台北：中研院民族學研究所，2012年）。

218. Strauss, A. & Corbin, J.著，吳芝儀、廖梅花譯：《質性研究入門：紮根理論研究方法》（嘉義市：濤石，2001年）。

219. Samuel P. Huntington、Peter L. Berger 著，王伯鴻譯：〈全球化的文化動力〉收錄於《全球化大趨勢》（台北：時報文化，2002年）。

220. David Throsby 著，張維倫、潘筱瑜、蔡宜真、鄒歷安譯：《文化經濟學》（Economics and Culture）（台北：典藏藝術家庭，2003年）。

221. Toby Miller、George 著，蔣淑貞、馮建三譯：《文化政策》（台北：巨流，2006年）。

三、期刊、論文

1. 王嵩山：〈進香活動看民間信仰與儀式〉，《民俗曲藝》第25期（台北：民俗曲藝，1983年）。

2. 王明珂：〈集體歷史記憶與族群認同〉，《當代雜誌》總91期（台北：1993年1月）。

3. 王志弘：〈新文化治理體制與國家——社會關係：剝皮寮的襲產化〉，《世新人文社會學報》第十三期（台北：世新大學人文社會學院，2012年）。

4. 王霄冰：〈德國人的「鄉愁」與家鄉文化保護〉（北京：中國社會科學報2015年8月8版）。

5. 王霄冰：〈民俗主義論與德國民俗學〉，《民間文化論壇》2006年第3期（北京：中國民間文藝家協會，2006年）。

6. 王均霞：〈常人方法論與家鄉民俗學的研究策略〉，《文化遺產》2010年第1期（廣東：中山大學，2010年）。

7. 王巧瑩：〈林安泰古厝拆遷事件後，台灣地區之歷史性建築遷移保存案例研究〉（桃園：中原大學建築研究所碩士論文，2006年）。

8. 安德明：〈家鄉——中國現代民俗學的一個起點和支點〉），《民族藝術》2004年第2期（廣西：廣西民族文化藝術研究院，2004年）。

9. 安德民：〈民俗學家鄉研究的理論反思〉，《民間文化論壇》2005 年第 4 期（北京：中國民間文藝家協會，2005 年）。

10. 安德明、廖明君：〈走向自覺的家鄉民俗學〉，《民族藝術》2005 年第 4 期（廣西：廣西民族文化藝術研究院，2005 年）。

11. 安德明：〈當家鄉成為田野──民俗學家鄉研究的倫理與方法問題〉，《東華漢學》2011 年夏季特刊（花蓮：國立東華大學，2011 年）。

12. 安德明、卡舒巴（Wolfgang Kaschuba）：〈從「民俗學」到「歐洲民族學」：研究對象與理論視角的轉換〉，《民間文化論壇》2015 年第 4 期（北京：中國民間文藝家協會，2015 年）。

13. 白長川：〈蘇澳開拓史考〉，《台灣文獻》第 35 卷第 4 期（台中：台灣省文獻委員會，1984 年）。

14. 白長川：〈冬山河的史話〉，《台灣文獻》第 42 卷第 3、4 期（台中：台灣省文獻委員會，1991 年）。

15. 田秋堇：〈「台灣環保聯盟宜蘭縣分會」成立聲明〉，《噶瑪蘭雜誌》第 79 期（1987 年 11 月）。

16. 田秋堇：〈要做就做世界一流的──訪『冬山河風景區規畫計畫』主持人郭中端女士〉，《噶瑪蘭雜誌》（宜蘭：噶瑪蘭雜誌社，1990 年 7 月）。

17. 田秋堇：〈訪冬山河風景區規劃設計主持人郭中端女士〉收錄於《把冬山河與陳定南獻給臺灣人民》（臺北：臺灣教師聯盟，1994 年）。

18. 田秋堇：〈宜蘭經驗──陳定南從政傳奇〉，《新台灣新聞週刊》556 期（台北：本土文化，2016 年）。

19. 石雅如、許美智：《蘭陽溪生命史──「宜蘭研究」第五屆學術研討會論文集》（宜蘭：宜蘭縣史館，2004 年）。

20. 杜正勝：〈從國家主義到世界主義──國立故宮博物院的新思維〉，《台北故宮博物院「國際博物館館館長高峰會議」手冊》（台北：故宮博物院，2004 年）。

21. 李威宜：〈博物館與文獻會的想像政治：臺灣戰後文化空間與歷史時間的形成（1945～1978）〉《旅法臺灣學人人文與社會科學研討會手冊》（台北：行政院科技部，2007 年）。

22. 李亦園：〈社會變遷與宗教皈依：一個象徵人類學理論模型的建立〉收於《中央研究院民族學研究所集刊》第 56 期（台北：中研院民族所，1983 年）。

23. 李進益：〈地方博物館內/外的「地方感」差異：以南方澳漁村為例〉（新竹：國立交通大學社會與文化研究所碩士論文，2006 年）。

24. 朱瑞墉：〈吳沙功開蘭陽第一人〉《源雜誌》第 59 期（台北：台灣電力公司，2006 年）。

25. 李素月：《「宜蘭研究」第二屆國際學術研討會論文集》（宜蘭：宜蘭縣立文化中心，1997 年）。

26. 李素月、張曉婷、石雅如：《交通與區域發展——「宜蘭研究」第七屆學術研討會論文集》（宜蘭：宜蘭縣史館，2008 年）。

27. 李素月、石雅如：《產業發展與變遷——「宜蘭研究」第八屆學術研討會論文集》（宜蘭：宜蘭縣史館，2010 年）。

28. 李素月、許美智：《探溯淇武蘭——「宜蘭研究」第九屆學術研討會論文集》（宜蘭：宜蘭縣史館，2012 年）。

29. 李素月：《「『再現』別有天：宜蘭生態與環境變遷」——「宜蘭研究」第十屆學術研討會論文集》（宜蘭：宜蘭縣史館，2015 年）。

30. 邱彥貴：〈宜蘭客家研究綜論〉《宜蘭文獻雜誌》第 71～72 期（宜蘭：宜蘭縣史館，2005 年）。

31. 邱玉茹：〈宜蘭國際童玩藝術節之多元文化藝術教育意義：以三所參與學校為例〉（新竹：國立新竹師範學院美勞教育研究所碩士論文，2004 年）。

32. 吳麗玲：〈南方澳漁業聚落的形成與社區整合〉（台北：台灣師大地理學研究所碩士論文，1994 年）。

33. 吳耀明、馮厚美：〈鄉土語言教學政策形成與實施現況訪談分析〉《屏東教育大學學報》第 26 期（屏東：國立屏東大學，2007 年）。

34. 林美容：〈祭祀圈、信仰圈與民俗宗教文化活動的空間形構〉收於《地方文化與區域發展研討會論文集》（台北：行政院文化建設委員會，1996 年）。

35. 林美容：〈土地公廟——聚落的指標：以草屯為例〉《台灣風物》第 37 卷第 1 期（台北：台灣風物雜誌社，1987 年）。

36. 林鋒雄：〈歌仔戲在台灣地區的文化地位〉《藝術評論》第六期（台北：國立台北藝術大學，1995 年 12 月）。

37. 林玉燈：〈社區居民參與社區營造與其社會資本關係之研究——以宜蘭蘇澳鎮白米社區為例〉（台中：逢甲大學建築研究所學位論文，2009 年）。

38. 林文玲：〈視覺性與人類學知識的條件〉，《國立臺灣大學考古人類學刊》59 期（台北：台灣大學，2002 年）。

39. 林怡君：〈書寫的斷裂：日本記憶在台灣的轉換〉《台灣學誌第七期》（2013 年）。

40. 林素春：〈宜蘭本地歌仔之研究〉（台北：文化大學藝研所碩士論文，1994 年）。

41. 林雅芬：〈南方澳漁村社會網絡與分工〉（宜蘭：佛光大學社研所碩士論文，2010 年）。

42. 林克勤：〈一步一腳印——宜蘭縣史館的前世與今生〉，《宜蘭文獻雜誌》

雙月刊第 52 期（宜蘭：宜蘭縣政府文化局，2001 年 7 月）。

43. 林克勤：〈人與歷史交會之所——宜蘭縣史館新館簡介〉《宜蘭文獻雜誌》雙月刊第 52 期（宜蘭：宜蘭縣政府文化局，2001 年 7 月）。

44. 宜蘭縣文化局：《宜蘭文獻雜誌》65、66 期南方澳開港 80 週年專輯（宜蘭：宜蘭縣文化局，2003 年）。

45. 宜蘭縣史館：《宜蘭泰雅族——「宜蘭研究」第 11 屆學術研討會義手冊》（宜蘭：宜蘭縣史館，2016 年）。

46. 宜蘭縣史館：〈宜蘭的宗教與信仰——「宜蘭研究」第 12 屆學術研討會徵稿公告〉（宜蘭：宜蘭縣史館，2017 年）。

47. 宜蘭縣史館：〈宜蘭庶民生活口述史料系列〉，《宜蘭文獻雜誌》第 10～27 期，（宜蘭：宜蘭縣立文化中心，1994 年 7 月～1999 年 1 月）。

48. 周家安：〈雪泥不計留鴻爪〉《宜蘭文獻雜誌》雙月刊第 53 期（宜蘭：宜蘭縣政府文化局，2001 年 7 月）。

49. 施信民口述，張琦凰、許瓊丹、林鼎鈞採訪，張琦凰、郭程元整理〈我們曾經流過的血汗——運動回顧紀事〉《台灣環境》第 52 期（台北：台灣環保聯盟總會，1992 年 10 月）。

50. 柯培元：《噶瑪蘭志略》（台北：台灣銀行經濟研究室，1961 年）。

51. 祝秀麗：〈家鄉民俗研究者的角色衝突〉《民俗研究》2006 年第 2 期（山東：東東大學，2006 年）。

52. 洪士峰：《Cheers 雜誌》第 6 期（台北：天下雜誌社，2011 年）。

53. 陳其南：〈台灣現代意識的軌跡〉《新世紀智庫論壇》第 22 期（新北市：財團法人台灣新世紀文教基金會，2003 年）。

54. 陳光興：〈真實、再現、擬仿：布希亞的後現代媒體社會學〉《當代雜誌》65 期（臺北：當代雜誌，1991 年）。

55. 陳進傳：〈清代噶瑪蘭的拓墾社會——從血緣、地緣、社會本土化觀點探討之〉《台北文獻》直字 92 期（台北：台北市文獻委員會，1990 年）。

56. 陳財發：〈深化平民史觀‧活化展示空間〉《宜蘭文獻雜誌》第 53 期，（宜蘭：宜蘭縣立文化局，2001 年）。

57. 陳叔倬：〈科學博物館、生物學知識與國族意識〉《博物館學季刊》26 期（台中：國立自然科學博物館，2012 年）。

58. 陳燕谷：〈Hegemony（霸權／領導權）〉，《讀書雜誌》1995 年第 2 期（北京：三聯書店，1995 年）。

59. 陳亭妤：〈南方澳人文景觀與譯向之研究〉（桃園：中原大學建研所碩士論文，2009 年）。

60. 陳定南：〈鄭南榕與我〉，《鄭南榕逝世三週年紀念特刊：台灣之愛》（1992

年）。

61. 陳淑華：〈民俗啟示錄：頭城搶孤〉，《大地地理雜誌》（台北：大地地理雜誌社，1991 年 11 月）。

62. 陳擎霞：〈宜蘭冬山河植物資源〉，《冬山河生命史討論會論文集》（宜蘭：仰山基金會，1991 年）。

63. 陳碧琳：〈空間異化與文化抵抗（三）第三階段：宜蘭一個生態/地景文化空間統〉，《國立臺灣博物館博物館百年學術探險研討會論文手冊》（台北：國立臺灣博物館博物館，未出版，2011 年）。

64. 莊文生：〈悠悠冬山河，悲情加禮遠〉，《宜蘭社區大學 102 年專題講座》（宜蘭：宜蘭社區大學，2013 年）。

65. 莊秀冠：〈人與歷史交會之所——「文化立縣」與宜蘭縣史館（1992～2005）〉（台北：國立師範大學歷史學系碩士論文，2011 年）。

66. 莊瑞菱：〈組織台北市某社區健康促進會之形成過程及結果〉（台北：台北醫學大學碩士論文，2004 年）。

67. 徐惠隆：〈走過歷史，憧憬未來〉，《宜蘭文獻雜誌》第 53 期，（宜蘭：宜蘭縣立文化局，2001 年）。

68. 徐雪霞：〈清代宜蘭的發展〉，《台北文獻》直字第 69 期（台北：台北市文獻會，1884 年）。

69. 梁鴻彬：〈政治變遷的地方模式——民進黨在宜蘭執政的個案研究〉（高雄：中山大學政治學研究所碩士論文，1998 年）。

70. 許淑娟：〈蘭陽平原祭祀圈的空間組織〉（台北：國立台灣師大碩士論文，1991 年）。

71. 孫惠梅：〈台灣歌仔戲劇團經營管理之研究——以宜蘭縣職業歌仔戲劇團為例〉（台北：中國文化大學藝術研究所碩士論文，1997 年）。

72. 張文義：〈從碑林小組到文獻小組、宜蘭縣史館——我與文獻小組的關係與回憶〉《宜蘭文獻雜誌》第 53 期（宜蘭：宜蘭縣立文化局，2001 年）。

73. 張文義：〈入蘭、拓墾、老大公、祭典——從田野的立場看頭城搶孤〉《「第一屆兩岸搶孤民俗節慶文化資產學術研討會」手冊》（宜蘭：蘭陽博物館，未印行，2012 年）。

74. 張劭曾：〈台灣之漁港季刊〉5 卷 3 期（台北：台銀，1952 年）。

75. 張學謙：〈母語教育 e 趨勢 kap 基礎概念：拍倒語言歧視建立母語教育〉《Taiwanese Collegian》22 期（Denton, TX, U.S.A., 2000 年）。

76. 張學謙：〈台灣語言政策變遷分析：語言人權的觀點〉《台東大學人文學報》第 3 卷第 1 期（台東：國立台東大學，2013 年）。

77. 黃延齡：〈歷史集體記憶的作用與濫用〉《歷史月刊》246 期（台北：歷史智庫出版，2008 年 8 月）。

78. 黃龍光：〈美國公眾民俗學對中國非遺保護的啟示〉，《雲南社會科學》2015 年第 5 期（雲南：雲南社會科學院，2015 年）。

79. 黃于玲：《眺望海洋的蘭陽平原——「宜蘭研究」第四屆學術研討會論文集》（宜蘭：宜蘭縣史館，2002 年）。

80. 曹逢甫：〈國語政策的過去與未來〉（新竹：國立清華大學語言所，未出版，1999 年）。

81. 許美智：〈刺桐花開了！我們補魚去！〉《宜蘭文獻雜誌》噶瑪蘭族專刊（宜蘭：宜蘭縣史館，1996 年）。

82. 許美智：《族群與文化——「宜蘭研究」第六屆學術研討會論文集》（宜蘭：宜蘭縣史館，2006 年）。

83. 單于：〈宜蘭縣反六輕運動的回顧〉《噶瑪蘭雜誌》第 103 期（宜蘭：噶瑪蘭雜誌社，1989 年 1 月）。

84. 馮偉才：〈從 Articulation 理論建構看英國文化研究方法學的構成〉《文化研究@嶺南：身份建構與身份政治》第二期（香港：嶺南大學，2006 年）。

85. 游謙：〈頭城搶孤的歷史與演變〉，《寺廟與民間文化研討會論文集》（台北：行政院文建會漢學研究中心，1995 年）。

86. 褚錦婷：《「宜蘭研究」第一屆學術研討會論文集》（宜蘭：宜蘭縣立文化中心，1995 年）。

87. 詹素娟：〈宜蘭平原噶瑪蘭族來源、分佈與遷徙——以哆囉美遠社、猴猴社為中心之研究〉，收於潘英海、詹素娟主編：《平埔研究論文集》（台北：中研院台灣史研究所籌備處，1995 年）。

88. 詹素娟、陳文立：〈回看來時路——從區域研究到地方學的宜蘭經驗〉，《臺灣史學雜誌》第 13 期（臺北：臺灣歷史學會，2013 年）。

89. 詹素娟：〈冬山河與原住民〉，《冬山河生命史討論會論文集》（宜蘭：仰山基金會，1991 年）。

90. 楊金源：《論地方社會公共領域的興起與發展——以宜蘭的教育議題為例》（宜蘭：佛光大學社會學所碩士論文，2004 年）。

91. 楊金源：〈民間戲曲作為重建在地社會符號之區域民俗事象研究——以台灣宜蘭歌仔戲為例〉發表於「2015 年中國民俗學會國際學術研討會」（遼寧：遼寧大學，2015 年）。

92. 楊金源：〈文化領導權變遷下的文化政治——以蘭陽博物館為例〉發表於「2015 文化的軌跡國際學術研討會：文化治理 What's Next?」（新北市：台灣藝術大學，2015 年）。

93. 楊金源：〈地方新民俗的創生與身分認同——以「宜蘭國際童玩藝術節」為例〉發表於「2016 年中國民俗學會國際學術研討會」（江蘇：南京）。

94. 楊金源：〈民俗展演與村落重建——以台灣宜蘭的白米社區為例〉收於《民

俗文化與美麗農村——2016 年嘉興端午國際學術研討會論文集》（北京：文化藝術出版社，2017 年）。

95. 楊金源：〈博物館意義實踐中的意識形態——比較台灣總督府博物館、台北故宮博物院、蘭陽博物館〉收錄於《健行學報》第 36 卷第 1 期（桃園：健行科技大學，2016 年）。

96. 楊馥菱：〈楊麗花及其歌仔戲藝術之研究〉（台中：東海大學中文研究所碩士論文，1997 年）。

97. 楊馥菱：〈有關台灣車鼓戲之幾點考察〉《兩岸小戲大展暨學術會議》（台北：國立台灣大學，未出版，2000 年）。

98. 楊欽年：〈宜蘭縣第二次反六輕行動紀要〉《台灣環境》第 44 期（台北：台灣環保聯盟總會，1992 年 2 月）。

99. 楊翎：〈影像的博物館人類學視角與理論意涵〉《文資學報》第六期，（台北：台北藝術大學，2011 年）。

100. 楊利慧：《「民俗主義」概念的涵義、應用及其對當代中國民俗學建設的意義》，《民間文化論壇》2007 年第 1 期（北京：中國民間文藝家協會，2007 年）。

101. 楊利慧：〈中國民俗學如何推進「朝向當下」的轉向？〉，《民俗研究》2014 年第 1 期（山東：山東大學，2014 年）。

102. 楊利慧：〈語境、過程、表演者與朝向當下的中國民俗學——表演理論與中國民俗學的當代轉型〉《民俗研究》2011 年第 1 期（山東：山東大學，2011 年）。

103. 廖正雄：〈宜蘭縣史館館藏譜系簡介——兼談如何製作家譜〉《宜蘭文獻雜誌》第 47 期（宜蘭：宜蘭縣史館，2000 年）。

104. 廖新田：〈從深層到表面：現代主義與後現代主義視覺模式研究〉（台北；國立臺灣大學社會學研究所博士論文，2006 年）。

105. 廖大慶：〈南方澳的宗教概況〉《宜蘭文獻雜誌》第 65 期（宜蘭：宜蘭縣政府文化局，2003 年）。

106. 廖淑容：〈宜蘭文化模式的制度能力與地域鑲嵌〉，《人文研究學報》第 42 卷第 1 期（台南：國立臺南大學，2008 年）。

107. 廖英傑：《「宜蘭研究」第三屆學術研討會論文集》（宜蘭：宜蘭縣立文化局，2000 年）。

108. 蔡素貞：〈日據時期臺灣人對日本文化之迎拒：殖民性、現代化與文化認同〉（台北：中國文化大學博士論文，2008 年）。

109. 劉曉春：〈從「民俗」到「語境中的民俗」——中國民俗學研究的範式轉換〉《民俗研究》，2009 年第 2 期（廣東：中山大學，2009 年）。

110. 劉昭吟：〈從祭典到觀光的社區動員——頭城搶孤的個案〉《文化、產業

研討會暨社區總體營造中日交流展論文集》(台北:台灣大學,1995 年)。

111. 盧梅芬:〈從殖民同化到多元尊重的新國族論述探討國家級博物館、國家敘述與原住民的關係〉收於《博物館學季刊》(台中:國立自然科學博物館,2012 年 7 月)。

112. 鍾幸道:〈期待一流的選民作明智的抉擇——陳定南縣長演講全文〉《噶瑪蘭雜誌》第 79 期(宜蘭:噶瑪蘭雜誌社,1987 年 11 月)。

113. 戴寶村、賴瑞鼎:〈陳定南的從政歷程與台灣政治文化初探〉《『臺灣民主的興起與變遷』第二屆學術研討會論文集》(臺中:臺灣省諮議會,2006 年)。簡濤:〈德國民俗學的回顧與展望〉,周星主編《民俗學的理論、歷史與方法》(北京:商務印書館,2006 年)。

114. 簡妙如:〈審美現代性的轉向:兼論 80 年代台灣流行音樂的現代性寓言〉,《2003 文化研究學會年會手冊》(台北:文化研究學會,未出版,2003 年)。

115. 顏世佩:〈社運事典:宜蘭反六輕運動〉《慈林通訊》第 60 期(宜蘭:慈林教育基金會,2010 年)。

116. 蘇雅莉:〈高中國文課程標準與國文課本選文變遷研究(1952~2004)〉(台北:國立政治大學國文教學碩士在職專班學位論文,2004 年)。

117. 蘇澳水產株式會社:〈蘇澳漁港〉《宜蘭文獻》第 65 期(宜蘭:宜蘭縣政府文化局,2003 年)。

118. 伊能嘉矩著、楊南郡譯註:〈宜蘭方面平埔番的實地調查(二)〉《宜蘭文獻雜誌》第 7 期(宜蘭:宜蘭縣立文化中心,1994 年)。

119. 佐佐木武治:〈蘇澳漁業移民現狀〉《台灣水產雜誌》第 295 號(1934 年)。

120. 武石俊清:〈台灣水產雜誌〉第 252 號(1936 年)。

121. 管丰:〈日本現代民俗學的「第三條路」——文化保護政策、民俗學主義及公共民俗學〉《民俗研究》2011 年 2 期(山東:山東大學,2011 年)。

122. 福田亞細男著,高木立子、陳崗龍譯:〈日本民俗學的至今為止和從今以後〉《民俗研究》1999 年 01 期(山東:山東大學,1999 年)。

123. 增田福太郎:〈頭圍庄に於ける搶孤の習俗に就て——中元祭の特殊例〉,原載於《南瀛佛教會會報》v.14,n.10,1936 年。

124. 增田福太郎:〈對於頭圍庄的搶孤習俗〉,收錄於《民國佛教期刊文獻集成》v.118(北京:全國圖書館文獻縮微復制中心,2006 年)。原載於《南瀛佛教會會報》v.14,n.10。

125. 蘇澳水產株式會社,李英茂譯:〈蘇澳漁港〉《宜蘭文獻》65 期(宜蘭:宜蘭縣政府文化局,2003 年)。

126. Alan Dundes 著,周惠英譯:〈偽民俗的製造(The Fabrication of Fakelore)〉《民間文化論壇》(北京:中國民間文藝家協會,2004 年)。

127. Coser, Lewis A.著，邱澎生譯，〈阿伯瓦克與集體記憶〉《當代雜誌》總 91
期，（台北：當代雜誌社，1993 年 1 月）。

128. Robert Baron：〈美國公眾民俗學：歷史、問題和挑戰〉《文化遺產》2010
年第 1 期（山東：山東大學，2010 年）。

129. Jurgen Habermas 著，方環非譯：〈知識與人類的旨趣──一個普遍的視角〉
《世界哲學》第二期（北京：世界哲學雜誌社，2015 年）。

四、文獻檔案

1. 台灣總督府：《蘇澳港工事計畫概要》（台北：台灣總督府）。

2. 台灣總督府交通局：《台灣‧漁港》（台北：台灣總督府交通局，1928 年）。

3. 台灣總督府文教局社會課：《臺灣に於ける支那演劇及臺灣演劇調：昭和
二年三月十五日現在》（臺北：臺灣總督府文教局，1928 年）。

4. 《台灣詩報》第 13 號，1931 年 6 月（台北：中央圖書館台灣分館典藏）。

5. 鈴木清一郎：〈本島の盆祭と普度全島一の頭圍の搶孤に就て〉，1937 年
（昭和 12 年 9 月）發表於《臺灣時報》。

6. 台北縣政府宜蘭區署：〈電飭禁止該頭城搭台搶孤祭祀鬼神以維地方秩序
由〉，1949 年 7 月 21 日宜區民字第 0591 號代電（台北縣：台北縣政府
宜蘭區署 1949 年 7 月 21 日）。

7. 郭中端：《冬山河風景區開發建設規劃報告》（宜蘭：宜蘭縣政府，未出
版，1980 年）。

8. 宜蘭縣文獻委員會：《宜蘭縣志》（宜蘭：宜蘭縣文獻委員會，1953 年）。

9. 陳淑均：《噶瑪蘭廳志》（台北：台銀經濟研究室，1963 年）。

10. 陳淑均：《噶瑪蘭廳志》卷之一，封域，山川附考（宜蘭：宜蘭縣文獻委
員會，1968 年）。

11. 陳淑均：《噶瑪蘭廳志》卷之五下，生番夷情，番割條（宜蘭：宜蘭縣文
獻委員會，1968 年）。

12. 陳淑均：《噶瑪蘭廳志》卷之七，雜識，紀人（宜蘭：宜蘭縣文獻委員會，
1968 年）。

13. 陳淑均：〈蘭城中元〉收錄於《噶瑪蘭廳誌》，卷八，離識下‧紀文下，
詩（台北：台灣銀行台灣文獻叢刊，1963 年）。

14. 陳淑均：《噶瑪蘭廳誌》卷二，規志，海防（宜蘭：宜蘭縣文獻委員會，
1968 年）。

15. 宜蘭縣史館：《五結鄉寺廟教堂調查表》（宜蘭：宜蘭縣史館，未出版，
1977 年）。

16. 宜蘭縣史館：《冬山鄉寺廟教堂調查表》（宜蘭：宜蘭縣史館，未出版，

1977 年)。台灣省文獻會:〈日據時期之台灣〉收錄於《台灣史》(台中:台灣省文獻會,1977 年)。

17. 盛清沂:〈吳沙傳〉收錄於陳澤主編《台灣先賢先烈專輯》第三輯(台中:台灣文獻委員會,1978 年)。

18. 台灣省政府:〈台灣地區觀光遊憩資源評價表〉(南投:台灣省政府,1980 年)。

19. 洪敏麟:《台舊地名之沿革第一冊》(台中:臺灣省文獻委員會,1980)。

20. 宜蘭縣開蘭博物館籌建委員會:〈開蘭博物館基本構想草案〉(宜蘭:宜蘭縣政府,1982 年 8 月)。

21. 宜蘭縣開蘭博物館籌建委員會:〈開蘭博物館籌建委員會議記錄〉(宜蘭:宜蘭縣政府,1982 年 12 月 8 日)。

22. 宜蘭縣政府博物館籌建規劃委員會:〈蘭陽博物館整體規劃建議書審查會議記錄〉(宜蘭:宜蘭縣政府,1983 年 11 月 17 日)。

23. 基隆港務局蘇澳港工程處:《蘇澳港與建工程》(宜蘭:蘇澳港,1983 年)。

24. 宜蘭縣政府:《蘭陽博物館整體規劃報告書》(宜蘭:宜蘭縣政府,1983 年)。

25. 宜蘭縣政府:《宜蘭觀光整體計畫及期中、期末成果報告紀錄》台灣大學土木工程學研究所都市計畫室規劃,(宜蘭:宜蘭縣政府,1983 年)。

26. 臺灣慣習研究會著、臺灣省文獻委員會編譯:《臺灣慣習記事(中譯本)》(臺中:臺灣省文獻委員會,1984～1993 年)。

27. 宜蘭縣政府博物館籌建規劃委員會:〈蘭陽博物館整體規劃案期中簡報會議記錄〉(宜蘭:宜蘭縣政府,1984 年 10 月 26 日)。

28. 宜蘭縣政府博物館籌建規劃委員會:〈蘭陽博物館軟硬體規劃與設計計畫提要〉(宜蘭:宜蘭縣政府,1985 年)。

29. 姚仁喜:《蘭陽博物館硬體規劃細部設計書》(宜蘭:宜蘭縣政府,1985 年)。

30. 宜蘭縣政府博物館籌建規劃委員會:《蘭陽博物館軟硬體規劃與設計計劃書——展示設計細部規劃及設計》(宜蘭:宜蘭縣政府,1985 年)。

31. 宜蘭縣政府博物館籌建規劃委員會:《蘭陽博物館軟硬體規劃與設計計劃書——展示設計細部規劃及設計》定稿版(宜蘭:宜蘭縣政府,1986 年),。

32. 姚仁喜:《蘭陽博物館硬體規劃細部設計書》(宜蘭:蘭陽博物館,1989 年)。

33. 台灣省文獻委員會:《重修臺灣省通志》(台中:台灣省文獻委員會,1989～1998 年)。

34. 凌昌武、林焰瀧:《蘭陽史蹟文物圖鑑》(宜蘭:宜蘭縣立文化中心,1986 年)。

35. 宜蘭縣政府：《宜蘭縣綜合發展計畫》，台灣大學土木工程學研究所都市計畫室規劃，（宜蘭：宜蘭縣政府，1986 年）。

36. 噶瑪蘭雜誌社：《噶瑪蘭週刊》1～135 期，（宜蘭：噶瑪蘭雜誌社，1986 年 5 月～，1990 年 9 月停刊）。

37. 宜蘭縣議會：《宜蘭縣議會第十一屆第三次大會議事錄》（宜蘭：宜蘭縣議會，1987 年）。

38. 行政院文化建設委員會：《南部民俗技藝園規劃報告》（台北：行政院文建會，1987 年）。

39. 漢寶德主持：《台北縣貢寮鄉吳沙墓整修規畫調查研究報告》（台北：台北縣政府，1987 年）。

40. 邱寶珠：〈本地歌仔子弟班調查報告〉收錄於林鋒雄《宜蘭縣立文化中心台灣戲劇中心研究規劃報告》（台北：行政院文建會，1988 年）。

41. 吳成瑤、鄭英珠：〈宜蘭魁儡戲調查報告〉收錄於林鋒雄《宜蘭縣立文化中心台灣戲劇中心研究規劃報告》（台北：行政院文建會，1988 年）。

42. 張月娥：〈本地歌仔音樂之調查與探討〉收錄於林鋒雄：《宜蘭縣立文化中心台灣戲劇中心研究規劃報告》（台北：行政院文建會，1988 年）。

43. 台灣環保聯盟宜蘭分會：〈「反火電專案小組」宣傳海報〉（宜蘭：台灣環保聯盟宜蘭分會，1988 年 2 月）。

44. 宜蘭縣立文化中心：《宜蘭縣署期歌仔戲研習營專刊》（宜蘭：宜蘭縣立文化中心，1989 年）。

45. 莊和雄：〈歷年授課講師名錄〉收於《宜蘭縣署期歌仔戲研習營專刊》（宜蘭：宜蘭縣立文化中心，1989 年）。

46. 宜蘭縣立文化中心：〈宜蘭縣署期青年自強活動歌仔戲研習營學員名冊〉（宜蘭：宜蘭縣立文化中心，1989 年）。

47. 游錫堃競選總部：〈游錫堃參選第 11 屆宜蘭縣長選舉競選海報〉（宜蘭：游錫堃競選總部，1989 年 11 月）。

48. 宜蘭縣政府：〈宜蘭縣推行本土語言教育第一次座談會會議紀錄〉（宜蘭：宜蘭縣政府，1990 年 2 月 12 日）。

49. 宜蘭縣政府：《宜蘭縣本土語言教育計畫》（宜蘭：宜蘭縣政府，1990 年）。

50. 宜蘭縣推行鄉土教材（本土語言篇）教材編輯委員會：〈宜蘭縣本土語言教學要旨〉（宜蘭：宜蘭縣政府，1990 年）。

51. 仰山文教基金會：〈第一次成立籌備會紀錄〉（宜蘭：仰山文教基金會 1990 年 3 月 31 日）。

52. 行政院文化建設委員會：《臺灣南部民俗技藝園規劃案規劃報告》（台北：行政院文建會，1990 年）。

53. 宜蘭縣政府：《設置『台灣民俗技藝園』建議案資料》（宜蘭：宜蘭縣政府，1990年）。

54. 台灣環境保護聯盟宜蘭分會：〈「向六輕宣戰系列之二」傳單）（宜蘭：台灣環境保護聯盟宜蘭分會，1990年）。

55. 宜蘭縣鄉土教材歷史篇編輯專案小組、諮詢小組：〈宜蘭縣國民中小學鄉土教材歷史篇編撰競賽辦法〉收錄於《宜蘭縣國民中小學鄉土教材歷史篇編撰教師分區研討會研習手冊》（宜蘭：宜蘭縣政府，1990年）。

56. 宜蘭縣鄉土教材歷史篇編輯專案小組、諮詢小組：〈宜蘭縣國民中小學鄉土教材歷史篇編撰教師分區研討會實施辦法〉（宜蘭：宜蘭縣政府，1990年）。

57. 宜蘭縣政府主計處：《宜蘭統計年報》及《統計要覽》（宜蘭：宜蘭縣政府，1990～1995年）。

58. 宜蘭縣政府：《宜蘭縣本土語言教材及鄉土教材系列──本土語言》（宜蘭：宜蘭縣政府，1991年）。

59. 宜蘭縣文獻小組：〈「開蘭195年」系列活動說帖〉（宜蘭：宜蘭縣政府，1991年）。

60. 宜蘭縣政府施政資料中心：《紀念開蘭一九五周年系列活動任務分配總表》（宜蘭：宜蘭縣政府，1991年）。

61. 宜蘭縣政府施政資料中心：《宜蘭縣各界紀念「開蘭日」第一九五週年系列活動基本資料》（宜蘭：宜蘭縣政府，1991年）。

62. 宜蘭縣政府施政資料中心：《紀念開蘭一九五周年系列活動相關資料》（宜蘭：宜蘭縣政府，1991年）。

63. 宜蘭縣政府施政資料中心：《紀念開蘭系列活動評估座談會》（宜蘭：宜蘭縣政府，1991年）。

64. 宜蘭縣政府施政資料中心：《宜蘭縣各界紀念開蘭日第一九五周年系列活動企畫案草案》（宜蘭：宜蘭縣政府，1991年）。

65. 宜蘭縣政府施政資料中心：《宜蘭縣各界紀念「開蘭日」第一九五周年系列活動第一次籌備會議紀錄》（宜蘭：宜蘭縣政府，1991年）。

66. 宜蘭縣政府施政資料中心：《宜蘭縣各界紀念「開蘭日」第一九五周年系列活動第二次籌備會議紀錄》（宜蘭：宜蘭縣政府，1991年）。

67. 宜蘭縣政府施政資料中心：《宜蘭縣各界紀念「開蘭日」第一九五周年系列活動第三次籌備會議紀錄》（宜蘭：宜蘭縣政府，1991年）。

68. 宜蘭縣政府施政資料中心：《宜蘭縣各界紀念「開蘭日」第一九五周年系列活動第四次籌備會議紀錄》（宜蘭：宜蘭縣政府，1991年）。

69. 宜蘭縣政府施政資料中心：《開蘭195》紀念日活動總企劃案》（宜蘭：宜蘭縣政府施政資料中心，1991年）。

70. 宜蘭縣政府施政資料中心:《蘭陽孩子的一千個夢——徵文辦法》(宜蘭:宜蘭縣政府施政資料中心,1991 年)。

71. 宜蘭縣政府施政資料中心:《噶瑪蘭族返鄉尋根計畫書》(宜蘭:宜蘭縣政府施政資料中心,1991 年)。

72. 宜蘭縣政府施政資料中心:《宜蘭原住民母語教育研討會手冊》(宜蘭:宜蘭縣政府施政資料中心,1991 年)。

73. 宜蘭縣政府施政資料中心:《宜蘭縣各界紀念「開蘭日」第兩百周年系列活動意見徵詢會會議紀錄》(宜蘭:宜蘭縣政府施政資料中心,1992 年11 月～1994 年)。

74. 宜蘭縣政府施政資料中心:《籌辦紀念日「噶瑪蘭日」第二百周年系列活動各組工作會報會議議程》(宜蘭:宜蘭縣政府施政資料中心,1994 年11 月)。

75. 宜蘭縣政府施政資料中心:《96 年宜蘭國際童玩藝術節第一次工作報告》(宜蘭:宜蘭縣政府施政資料中心,1994 年11 月)。

76. 宜蘭縣政府施政資料中心:《宜蘭國際兒童夏令營企畫構想第一次簡報》(宜蘭:宜蘭縣政府施政資料中心,1994 年11 月)。

77. 宜蘭縣政府施政資料中心:《兒童的夢土執行方案(初稿)》(宜蘭:宜蘭縣政府施政資料中心,1994 年11 月)。

78. 宜蘭縣文獻小組:《重修宜蘭縣志規劃報告草案》(宜蘭:宜蘭縣立文化中心,1991 年)。

79. 宜蘭縣政府:《宜蘭縣推行鄉土教材(本土語言篇)實施計畫》,收錄於「《「宜蘭縣推行鄉土教材(本土語言篇)——國民中小學校長暨教務(導)主任研習會」研習手冊》(宜蘭:宜蘭縣政府,1991 年3 月11 日)。

80. 吳沙國中編:《吳沙公開蘭 195 週年紀念專輯》(宜蘭:宜蘭縣政府,1991 年10 月)。

81. 陳財發:《宜蘭縣史館籌備計畫草案》(宜蘭:宜蘭縣立文化中心,1991 年)。

82. 張長義:《「宜蘭縣國民中小學鄉土教材編寫與施教活動設計——地理篇」期末報告——工作執行報告部份》,台灣大學地理學研究所設計(宜蘭:宜蘭縣政府,1991 年9 月)。

83. 漢陽歌劇團:〈噶瑪蘭歌劇〉為行政院文建會邀演「宜蘭歌、北管曲、臺北情」系列活動中《劇場與民間藝術資源結合計畫》之一部(宜蘭:台灣戲劇館,1991 年)。

84. 宜蘭縣議會:《游錫堃縣長 1991 年施政報告書》收錄為〈宜蘭縣議會第12 屆第二次大會議事錄〉附件(宜蘭:宜蘭縣議會,1991 年)。

85. 宜蘭縣文獻小組:《重修宜蘭縣志規劃報告草案》(宜蘭:宜蘭縣立文化中心,1991 年)。

86. 頭城中元祭典委員會：〈頭城搶孤座談會會議紀錄〉（宜蘭：頭城中元祭典委員會，1992 年）。

87. 頭城中元祭典委員會：《頭城搶孤活動企劃書》（宜蘭：頭城中元祭典委員會，1992 年）。

88. 頭城中元祭典委員會：《頭城搶孤民俗活動手冊》（宜蘭：頭城中元祭典委員會，1992 年）。

89. 頭城中元祭典委員會：《頭城搶孤活動 81 年度總預算書》（宜蘭：頭城中元祭典委員會，1992 年）。

90. 宜蘭縣史館籌備處：《重修宜蘭縣志八十一年度工作計畫》（宜蘭：宜蘭縣史館籌備處，1992 年）。

91. 宜蘭縣政府：《宜蘭文獻叢刊 1：宜蘭縣長陳定南施政總報告彙編》（宜蘭：宜蘭文獻叢刊編輯委員會，1992 年）。

92. 宜蘭縣政府：〈宜蘭縣環境政策綱領〉，收錄於《宜蘭縣環境品質規劃研究案——第二階段期末報告》第二章，主持人：於幼華，共同主持人：駱尚廉，研究人員：陳尊賢、張景森、陳擎霞、張慶源、李崇德、林正芳、黃榮村、夏鑄九、葉俊榮（宜蘭：宜蘭縣政府，1992 年）。

93. 林正芳：《宜蘭縣文化景觀普查計畫第一期成果報告》（宜蘭：宜蘭縣文化局，1992 年）。

94. 行政院文化建設委員會：《南部民俗技藝園新建計畫摘要》（台北：行政院文建會 1992 年）。

95. 宜蘭縣政府：《蘭陽地理——宜蘭鄉土教材》（宜蘭：宜蘭縣政府，1992 年）。

96. 宜蘭縣政府：《宜蘭縣無尾港水鳥保護區計畫書》（宜蘭：宜蘭縣政府，1992 年）。

97. 林峰雄：〈台灣戲劇館的規劃旨趣及其機能〉收於《台灣戲劇館專輯》（宜蘭：宜蘭縣立文化中心，1993 年）。

98. 鄭英珠：《台灣戲劇館專輯》（宜蘭：宜蘭縣立文化中心，1993 年）。

99. 宜蘭縣政府：《1994 年「歡樂宜蘭年」企劃書》（宜蘭：宜蘭縣文化中心，1993 年）。

100. 宜蘭縣政府：《蘭陽歷史——宜蘭鄉土教材》（宜蘭：宜蘭縣政府，1993 年）。

101. 宜蘭縣史館：〈宜蘭縣紀念開蘭 200 週年系列活動創意小組第一次會議紀錄〉，游錫堃主持召開，（宜蘭：宜蘭縣政府，1994 年 2 月 18 日）。

102. 宜蘭縣政府：《開蘭 200 周年創意小組」第三次會議資料》，游錫堃主持召開，（宜蘭：宜蘭縣政府施政資料中心，1994 年 8 月 18 日。

103. 宜蘭縣政府文化中心:《宜蘭紀念日 200 年系列活動——「國際兒童嘉年華」企劃書》及討論會議資料（宜蘭:宜蘭縣政府施政資料中心,1994年8月20日）。

104. 邱坤良:《東北部民俗技藝園整體規劃報告書》,宜蘭縣政府委託國立台北藝術學院規劃（台北:國立台北藝術學院,1994年）。

105. 許文漢:〈提線木偶的金銀島——福龍軒傀儡劇團〉,收錄於陳進傳主編《蘭陽民族藝術薪傳錄》上冊（宜蘭:宜蘭縣立文化中心,1994年）。

106. 鄭英珠:〈懸絲傀儡的藝術大師——林讚成〉,收錄於陳進傳主編《蘭陽民族藝術薪傳錄》上冊（宜蘭:宜蘭縣立文化中心,1994年）。

107. 劉可強:《東北部民俗技藝園環境說明書》,宜蘭縣政府委託國立台灣大學城鄉研究所規劃（宜蘭:宜蘭縣政府,1994年）。

108. 宜蘭縣政府施政資料中心:《宜蘭縣紀念開蘭 200 周年系列活動「創意小組」第1、2、3 會議資料》（宜蘭:宜蘭縣政府施政資料中心,1994年2月～1994年8月18日）。

109. 宜蘭縣立文化中心:《宜蘭紀念日 200 週年系列活動——國際兒童嘉年華——企劃書》（宜蘭:宜蘭縣立文化中心,1994年8月）。

110. 劉可強、邱坤良:《傳統藝術中心細部規劃報告——工藝、戲曲、產業、生態、及文化的傳承與創造》（台北:台灣大學建築與城鄉研究所,1995年）。

111. 行政院文建會:《民間藝術保存傳習計劃》（宜蘭:國立傳統藝術中心籌備處,1995年）。

112. 宜蘭縣立文化中心:《1996 年宜蘭國際童玩藝術節企劃書》（宜蘭:宜蘭縣立文化中心,1995年3月15日）。

113. 宜蘭縣政府 200 年推行委員會:《宜蘭紀念日 200 週年系列活動基本企劃案（六稿）》（宜蘭:宜蘭縣政府 200 年推行委員會,1995年7月4日）。

114. 宜蘭縣政府教育局:《宜蘭紀念日 200 週年系列活動——「兒童的夢土」執行方案（初稿）》（宜蘭:宜蘭縣政府教育局,1995年10月13日）。

115. 宜蘭縣政府 200 年推行委員會:《「宜蘭紀念日」200 週年系列活動基本企畫案》（宜蘭:宜蘭縣政府 200 年推行委員會,1995年）。

116. 宜蘭縣史館:《200 週年系列活動推行委員會成立大會手冊》（宜蘭:宜蘭縣政府 200 年推行委員會,1995年）。

117. 宜蘭縣政府 200 年企劃室:《宜蘭紀念日 200 週年系列活動作業手冊》（宜蘭:宜蘭縣政府 200 年企劃室,1995年11月1日）。

118. 宜蘭縣政府民政局:《宜蘭紀念日 200 週年系列活動——「打開歷史,走出未來」執行方案》（宜蘭:宜蘭縣政府民政局,1995年11月15日）。

119. 宜蘭縣政府農業局:《宜蘭紀念日 200 週年系列活動——「水·綠·健康」系列活動工作計畫》（宜蘭:宜蘭縣政府農業局,1995年11月）。

120. 宜蘭縣史館：〈『宜蘭紀念日』200 週年系列活動架構表〉，收於《200 週年系列活動推行委員會成立大會手冊》（宜蘭：宜蘭縣政府 200 年推行委員會，1995 年）。

121. 宜蘭縣政府教育局：《「兒童的夢土」執行方案（初稿）》（宜蘭：宜蘭縣政府，1995 年 10 月）。

122. 蘇澳戶政事務所：〈蘇澳北方澳戶籍登記資料〉（宜蘭：蘇澳戶政事務所，1995 年 8 月）。

123. 宜蘭縣立吳沙國中：《宜蘭縣立吳沙國中 83 學年度薪傳計畫──歌仔戲暨民俗樂團執行成果報告》（宜蘭：宜蘭縣立吳沙國中，1995 年）。

124. 宜蘭縣政府宜蘭文化中心：《1996 年宜蘭國際童玩藝術節企畫書》（宜蘭：宜蘭縣政府，1995 年）。

125. 宜蘭縣政府：《宜蘭縣施政計畫報告》（宜蘭：宜蘭縣政府，1996 年）。

126. 魏宏晉：〈歡樂宜蘭年，一年接一年〉，收錄於《中華民國 85 年度全國文藝季「歡樂宜蘭年」成果專輯》（宜蘭：宜蘭縣政府，1996 年）。

127. 蘭陽文教基金會：〈85 年度「宜蘭國際童玩藝術節」收支摘要表〉（宜蘭：蘭陽文教基金會，1996 年）。

128. 蘭陽文教基金會：〈1996 年「宜蘭國際童玩藝術節」童玩民俗展演內容表〉（宜蘭：蘭陽文教基金會，1996 年）。

129. 宜蘭縣政府 200 年推行委員會：《「宜蘭紀念日」200 周年系列活動「水‧綠‧健康」系列活動工作計畫》（宜蘭：宜蘭縣政，1996 年）。

130. 宜蘭縣政府：《中華民國 85 年度全國文藝季歡樂宜蘭年成果專輯》（宜蘭：宜蘭縣政府，1996 年）。

131. 宜蘭縣政府：1996～2016 各年度《「歡樂宜蘭年」系列活動計劃案》（宜蘭：宜蘭縣政府 1996～2016 年）。

132. 宜蘭縣政府：1996～2016 各年度《歡樂宜蘭年成果專輯》（宜蘭：宜蘭縣政 1996～2016 年）。

133. 宜蘭縣政府：1996～2016 各年度《歡樂宜蘭年活動總表》（宜蘭：宜蘭縣政 1996～2016 年）。

134. 宜蘭縣政府：1996～2016 各年度《歡樂宜蘭年新聞剪輯》（宜蘭：宜蘭縣政 1996～2016 年）。

135. 宜蘭縣政府：1996～2016 各年度《「歡樂宜蘭年」布置規畫書》（宜蘭：宜蘭縣政府 1996～2016 年）。

136. 宜蘭縣政府：1996～2016 各年度《「歡樂宜蘭年」檢討會議資料》（宜蘭：宜蘭縣政府 1996～2016 年）。

137. 宜蘭縣政府：1996～2016 各年度各年度《「歡樂宜蘭年」執行企劃書》（宜蘭：宜蘭縣政府 1996～2016 年）。

138. 宜蘭縣政府：1996～2016 各年度〈歡樂宜蘭年組織分工表〉（宜蘭：宜蘭縣政府 1996～2016 年）。

139. 宜蘭縣政府：1996～2016 各年度各年度《「歡樂宜蘭年」執行籌備會紀錄》（宜蘭：宜蘭縣政 1996～2016 年）。

140. 礁溪協天廟管理委員會：《敕建礁溪協天廟志》（宜蘭：礁溪協天廟，1997年）。

141. 林茂賢、洪季楨、葉青：《歌仔戲溯源計畫研究報告書》，葉青委託研究（台北：民間藝術工作室，1997年）。

142. 陳進傳：《宜蘭縣傳統藝術資源調查報告書》，宜蘭國立傳統藝術中心籌備處委託研究（宜蘭：宜蘭縣立文化中心，1997年）。

143. 行政院文化建設委員會：《南部民俗技藝園規劃報告》（行政院文建會，1997年）。

144. 仰山文教基金會：《全國社區總體營造博覽會記事》（宜蘭市：宜蘭文化中心，1997年）。

145. 世新大學：《1997年宜蘭國際童玩藝術節的經濟效應世新大學（一）》（宜蘭：宜蘭縣政府，1997年8月）。

146. 文化環境工作室：《社區資源處處寶──社區學習讀本》（宜蘭：宜蘭縣立文化中心，1998年）。

147. 蘭陽文教基金會：〈宜蘭國際童玩藝術節 1997～2002 年童玩民俗展演內容表〉（宜蘭：宜蘭蘭陽文教基金會，1997～2002年）。

148. 蘭陽文教基金會：〈宜蘭國際童玩藝術節 1996～2002 年度收支及入園人數趨勢表〉，（宜蘭：宜蘭蘭陽文教基金會，1997～2002年）。

149. 林茂賢：《宜蘭縣鄉土音樂教材》（宜蘭：宜蘭縣政府，1999年）。

150. 陳其南：《宜蘭縣鄉土造型藝術活動手冊》（宜蘭：宜蘭縣政府，1999年）。

151. 蔡季勳：《臺灣社區總體營造的軌跡》（臺北：行政院文建會，1999年）。

152. 曹頤和：〈從荒蕪變成新綠──「蘭陽戲劇團」〉，收錄於林鋒雄、鄭英珠、陳健銘等著：《87年度台灣文化節「戲弄宜蘭」成果專輯》（宜蘭：宜蘭縣立文化中心，2000年）。

153. 林鋒雄、鄭英珠、陳健銘等著：《87 年度台灣文化節「戲弄宜蘭」成果專輯》（宜蘭：宜蘭縣立文化中心，2000年）。

154. 蔡欣茹：〈大家來『滾』歌仔──概述老人歌仔班〉，收錄於林鋒雄、鄭英珠、陳健銘等著：《87 年度台灣文化節「戲弄宜蘭」成果專輯》（宜蘭：宜蘭縣立文化中心，2000年）。

155. 蔡欣茹：〈老歌仔的年輕容顏──「宜蘭商職地方戲曲研究社」〉，收錄於林鋒雄、鄭英珠、陳健銘等著：《87 年度台灣文化節「戲弄宜蘭」成果專輯》（宜蘭：宜蘭縣立文化中心，2000年）。

156. 藍素婧：〈「吳沙國中歌仔戲研習社」大事記〉（宜蘭：宜蘭縣立吳沙國中，2000 年）。

157. 臺灣省文獻委員會編：《宜蘭縣鄉土史料》（南投：臺灣省文獻委員會，2000 年）。

158. 黃雯娟：《台灣地名辭書卷一：宜蘭縣》（台北：國史館台灣文獻館，2000 年），宜蘭縣利澤簡文教促進會：《走過歲月的利澤簡》（宜蘭：宜蘭縣利澤簡文教促進會，2000 年）。

159. 臺灣省文獻委員會：《宜蘭縣鄉土史料》（南投：臺灣省文獻委員會，2000 年）。

160. 林克勤：〈宜蘭縣史館大事記〉，收錄於《宜蘭文獻雜誌》雙月刊第 52 期（宜蘭：宜蘭縣政府文化局，2001 年 7 月）。

161. 黃文亮：〈「宜蘭商職地方戲曲研究社」大事記〉（宜蘭：宜蘭商職，2001 年）。

162. 薛化元：《郭雨新先生史料彙編》（台中：台灣省諮議會，2001 年）。

163. 蘇美如：《宜蘭市志——歷史建築篇》（宜蘭：宜蘭市公所，2001 年）。

164. 呂美玉、林英賢、林正芳：《宜蘭市志——地理篇》（宜蘭：宜蘭市公所，2001 年）。

165. 張景森：《文化觀光作為地方發展策略之研究：頭城搶孤的個案》（行政院國家科學委員會專題研究計畫成果報告）。

166. 台灣省宜蘭農田水利會：《台灣省宜蘭農田水利會會誌》（宜蘭：台灣省宜蘭農田水利會，2001 年）。

167. 林正芳：《續修頭城鎮志》下冊（宜蘭：頭城鎮公所，2002 年）。

168. 陳郁秀：〈母親之河，藝術欣傳〉，收錄於李乾朗：《遊園訪勝——國立傳統藝術中心建築群導覽手冊》（宜蘭：國立傳統藝術中心，2002 年）。

169. 世新大學：《1999 年宜蘭國際童玩藝術節的經濟效應（二）》（宜蘭：宜蘭縣政府，2000 年 6 月）。

170. 基隆港務局蘇澳港分局：《蘇澳港簡介》（宜蘭：基隆港務局蘇澳港分局，2001 年）。

171. 臺灣港務公司基隆港務分公司：〈蘇澳港建設〉（基隆：臺灣港務公司基隆港務分公司，2009 年）。

172. 林正芳：《續修頭城鎮志》（宜蘭：頭城鎮公所，2002 年）。

173. 五結鄉公所編：《五結鄉鄉史：探尋舊地名》（宜蘭：五結鄉公所，2002 年）。

174. 尹章義、黃明田：《羅東鎮志》（宜蘭：羅東鎮公所，2002 年）。

175. 李乾朗：《遊園訪勝——國立傳統藝術中心建築群導覽手冊》（宜蘭：國立傳統藝術中心，2002 年）。

176. 林修澈：《噶瑪蘭族的人口與分布》（台北：行政院原住民族委員會，2003年）。

177. 陳金泉：〈細說傳藝政書〉收於方芷絮：《藝路走來——國立傳統藝術中心的籌備與興建過程》（宜蘭：國立傳統藝術中心，2003年）。

178. 陳郁秀：〈一路走來喜見傳藝中心落成〉，收錄於方芷絮《藝路走來——國立傳統藝術中心的籌備與興建過程》（宜蘭：國立傳統藝術中心，2003年）。

179. 宜蘭縣史館：《宜蘭文獻雜誌》第 22、30、36、42、71、72 期載，宜蘭研究研習營各期課程表。

180. 頭城區漁會：《頭城區漁會志》（宜蘭：頭城區漁會，2003年）。

181. 白長川：《羅東歷史地名尋根》（宜蘭：羅東鎮公所，2003年）。

182. 林正芳：《宜蘭市志——大事記》（宜蘭：宜蘭市公所，2003年）。

183. 李信成：《宜蘭市志——政事篇》（宜蘭：宜蘭市公所，2004年）。

184. 蘭陽文教基金會：〈宜蘭國際童玩藝術節 2003 年至 2009 年度收支及入園人數趨勢表〉（宜蘭：宜蘭蘭陽文教基金會，2003～2009年）。

185. 蘭陽文教基金會：〈宜蘭國際童玩藝術節 2003 至 2009 年度間入園人數消長表〉，（宜蘭：宜蘭蘭陽文教基金會，2003～2009年）。

186. 陳金泉：〈細說傳藝政書〉，收錄於方芷絮《藝路走來——國立傳統藝術中心的籌備與興建過程》（宜蘭：國立傳統藝術中心，2003年）。

187. 方芷絮：《藝路走來——國立傳統藝術中心的籌備與興建過程》（宜蘭：國立傳統藝術中心，2003年）。

188. 蘭陽文教基金會：〈蘭陽文教基金會 2004 年董事會會議紀錄〉（宜蘭：蘭陽文教基金會，2004年）。

189. 台大城鄉基金會宜蘭工作室：《流流仔與冬山河舊河道結合發展暨人文史蹟維護整體規畫》期中報告（宜蘭：宜蘭縣政府，2004年1月）。

190. 簡浴沂、陳素珍：《蘇澳區漁會誌》（宜蘭：蘇澳區漁會，2004年）。

191. 林正芳：《宜蘭城與宜蘭人的生活》（宜蘭：宜蘭縣政府文化局，2004年）。

192. 徐亞湘：《日治時期台灣報刊戲曲資料檢索光碟》（宜蘭：國立傳統藝術中心，2004年）。

193. 張文義：《員山百年人物》（宜蘭：員山鄉公所，2004年）。

194. 林致遠：《南方澳漁村文史採集暨空間資源整備計畫》（宜蘭：宜蘭縣政府，2005年）。

195. 許炳進：《大同鄉志：民族篇》（宜蘭：大同鄉公所，2005年）。

196. 林正芳：《宜蘭市志——教育篇》（宜蘭：宜蘭市公所，2005年）。

197. 世新大學：《宜蘭國際童玩藝術節的經濟效應（四）》（宜蘭：宜蘭縣政府，2005年9月）。

198. 宜蘭縣政府:《「2005 年歡樂宜蘭年」執行企劃書》(宜蘭:宜蘭文化局,2005 年)。

199. 宜蘭縣政府:〈「2005 年歡樂宜蘭年」活動總表〉(宜蘭:宜蘭文化局,2005 年)。

200. 蘭陽戲劇團:《蘭陽戲劇團首演簡介》(宜蘭:蘭陽戲劇團,2006 年)。

201. 施信民:《台灣環保運動史料彙編》(台北:國史館,2006 年)。

202. 許炳進:《大同鄉志:經濟篇》(宜蘭:大同鄉公所,2006 年)。

203. 頭城中元祭典委員會:《頭城中元祭典委員會 2006 年會員大會紀錄》(宜蘭:頭城中元祭典委員會,2006 年)。

204. 利澤簡永安宮第六屆管理委員會:《利澤簡永安宮天上聖母升王壹千週年暨本宮第三次重建陸拾週典紀念手冊》(宜蘭:利澤簡永安宮第六屆管理委員會,2006 年)。

205. 許文漢、羅沛緹:〈一步一腳印——蘭陽戲劇團大事紀〉,收錄於《蘭陽戲劇團》(宜蘭:蘭陽戲劇團,2006 年)。

206. 蘭陽戲劇團:《蘭陽戲劇團首演簡介》(宜蘭:蘭陽戲劇團,2006 年)。

207. 林峰雄、鄭英珠、藍素娟:《老歌仔的容顏》(宜蘭:宜蘭縣政府文化局,2006 年)。

208. 林鋒雄、林茂賢、林鶴宜、鄭英珠:《老歌仔的守護神——陳旺欉藝師紀念專輯》(宜蘭:宜蘭縣文化局,2006 年)。

209. 簡浴沂、宜蘭社區大學教育基金會:《南方澳討海文化館文史調查及空間規劃計畫》(宜蘭:宜蘭社大,2007 年)。

210. 行政院文建會:《全國社區民俗育樂活動觀摩會實施計畫書》(台北:行政院文建會,2007 至 2015 年)。

211. 師範大學運動與休閒管理研究所:《宜蘭國際童玩藝術節之滿意度與競技效益評估報告書》(宜蘭:宜蘭縣政府,2007 年 10 月)。

212. 黃槿花行動聯盟:〈宜蘭童玩論壇——『就是愛宜蘭國際童玩藝術節』〉系列文宣海報(宜蘭:黃槿花行動聯盟,2007 年 8 月 23 日起)。

213. 賴淑娟:《南方澳漁村討海文化資產調查計畫成果報告》(宜蘭:仰山文教基金會,2007 年)。

214. 黃錦峰:〈宜蘭縣社區營造的軌跡——一場社會運動的檢視與價值論述〉,收於《「96 年度宜蘭縣社區營造中心」社造論壇——宜蘭的共同未來—社造・生活・永續》(宜蘭:仰山文教基金會,2008 年)。

215. 台灣文學館:《台灣語言政策大事紀(1895〜2007)》(台南:台灣文學館,2008 年)。

216. 國立歷史博物館:《台灣媽祖文化展》(台北:國立歷史博物館,2008 年)。

217. 國立傳統藝術中心：〈國立傳統藝術中心宜蘭園區委外營運審查會議紀錄〉（宜蘭：國立傳統藝術中心，2009 年）。

218. 國立傳統藝術中心：《「康灩泉百年紀念展」說明手冊》（宜蘭：國立傳統藝術中心，2009 年）。

219. 陳財發：《恩覃討海人：南天宮一甲子紀念專輯》（宜蘭：南方澳南天宮，2010 年）。

220. 基隆市政府：《重修基隆市志》交通篇，下篇〈基隆港、蘇澳港、台北港〉（基隆：基隆市政府，2010 年）。

221. 宜蘭縣政府：〈全縣街景佈置創意大賽試辦計畫〉，收錄於《「2011 年歡樂宜蘭年」執行企劃書》（宜蘭：宜蘭縣政府，2011 年）。

222. 宜蘭縣政府：〈圓夢計畫〉，收錄於《「2011 年歡樂宜蘭年」執行企劃書》（宜蘭：宜蘭縣政府，2011 年）。

223. 宜蘭縣政府：〈烏石港細部都市計畫土地標售公告〉、〈新聞稿〉（宜蘭：宜蘭縣政府，2011 年）。

224. 宜蘭縣政府網站：〈烏石港細部都市計畫土地標售公告〉、〈新聞稿〉（宜蘭：宜蘭縣政府，2013 年 3 月 6 日）。

225. 彭瑞金、陳怡伶、溫宗翰執行編輯：《蘇澳鎮志》（宜蘭：蘇澳鎮公所，2013 年）。

226. 南方澳進安宮：〈南方澳進安宮媽祖廟沿革史簡介〉（宜蘭：南方澳進安宮，2013 年）。

227. 南方澳進安宮：〈進安宮簡介手冊：世界第一尊無價寶——金身珊瑚媽祖顯神蹟〉（宜蘭：蘇澳南方澳進安宮，2014 年）。

228. 南方澳進安宮：〈全世界唯一寶石珊瑚媽祖介紹〉，收錄於《南方澳進安宮導覽手冊》（宜蘭：蘇澳南方澳進安宮，2014 年）。

229. 宜蘭縣政府文化局：〈宜蘭縣史館出版目錄〉，收錄於《文化宜蘭 30》（宜蘭：宜蘭縣政府文化局，2014 年）。

230. 晉安宮：〈張公廟（晉安宮）建廟沿革〉（宜蘭：蘇澳晉安宮，2015 年）。〈羅大春開闢道路里程碑記〉碑文。

231. 宜蘭縣文化局：〈宜蘭國際童玩藝術節 2010 年復辦至 2015 年入園人數及收入統計表〉（宜蘭：宜蘭縣政府文化局，2010～2015 年）。

232. 羅東城隍廟管理委員會：〈羅東城隍廟簡介〉（宜蘭：羅東城隍廟，2015 年）。

233. 羅東奠安宮管理委員會：《羅東奠安宮廟誌》（宜蘭：羅東奠安宮，2015 年）。

234. 員山鄉大三鬮慈惠寺管理委員會：〈員山大三鬮慈惠寺簡介〉（宜蘭：員山鄉大三鬮慈惠寺，2015 年）。

235. 國立宜蘭傳統傳藝中心：〈2006、2007 年度入園人次統計表〉（宜蘭：國立宜蘭傳統傳藝中心，2006～2007 年）。

236. 國立宜蘭傳統傳藝中心：〈93～105 年 9 月入園人數統計表〉（宜蘭：國立宜蘭傳統傳藝中心，2004～2016 年）。

237. 宜蘭縣立蘭陽博物館：《蘭陽博物館大事紀》（宜蘭：蘭陽博物館，2015 年）。

238. 台灣戲劇館：〈台灣戲劇館大事紀〉（宜蘭：台灣戲劇館，2015 年）。

239. 台灣戲劇館：〈台灣戲劇館年度統計表〉（宜蘭：台灣戲劇館，2015 年）。

240. 司法院行政法院：〈24 年判字第 18 號〉判例，（台北：司法院行政法院）。

241. 台灣善美的股份有限公司：《宜蘭傳藝園區第一階段委外經營發展成效評估計畫》（宜蘭：國立宜蘭傳統藝術中心，2016 年）。

242. 遠見雜誌：〈徐重仁拾回舊愛　矢志守護傳藝中心到 93 歲〉（台北：遠見雜誌，2016 年 12 月）。

243. 財團法人全聯善美的文化藝術基金會：〈「財團法人全聯善美的文化藝術基金會」捐助章程〉及〈董事會名冊〉（宜蘭：財團法人全聯善美的文化藝術基金會，2016 年）。

244. 行政院文化部：〈文化部積極推動「國家語言發展法」期完備法制基礎，促進多元語言發展〉（台北：文化部，2017 年 4 月 8 日發布新聞稿）。

245. 宜蘭縣史館：《台灣日日新報宜蘭資料剪輯》，（宜蘭：宜蘭縣史館，1911 年 9 月～1936 年 7 月）。

246. 《台灣日日新報》1905 年 8 月 18 日第五版報導。

247. 《台灣日日新報》1913 年 12 月 23 日報導。

248. 《台灣日日新報》1923 年 9 月 10、15、16 日等日文版報導。

249. 《台灣日日新報》1926 年 9 月 6 日，漢文版報導。

250. 《台灣日日新報》1928 年 9 月 5 日，漢文版報導。

251. 《台灣日日新報》1929 年 9 月 6 日，漢文版報導。

252. 《台灣日日新報》1930 年 9 月 20 日，漢文版報導。

253. 《台灣日日新報》1934 年 9 月 5 日，漢文版報導。

254. 《台灣日日新報》1935 年 8 月 27 日，漢文版報導。

255. 《台灣日日新報》1936 年 9 月 13 日，漢文版報導。

256. 中國時報：〈溝通火力發電廠案台電在宜辦說明會〉，1987 年 2 月 24 日地方版報導。

257. 聯合報：〈蘇澳人士堅決反對　理性抗議〉，1988 年 2 月 28 日地方版報導。

258. 台灣時報：〈北上陳情：宜蘭鄉親誓死反六輕〉，1990 年 12 月 2 日地方版報導。

259. 自立早報：〈台電未對環保作回應游錫堃關閉溝通大門〉，1992.06.18 地方版報導。

260. 自由時報：〈為反蘇火案將漁港預定地變更為水鳥保護區忽視漁民權益〉1993 年 05 月 12 日地方版報導。

261. 中國時報：2007 年 8 月 8 日地方版「黃槿花行動聯盟」新聞報導。

262. 聯合報：2007 年 8 月 8 日地方版「黃槿花行動聯盟」新聞報導。

263. 自由時報：2007 年 8 月 8 日地方版「黃槿花行動聯盟」新聞報導。

264. 蘋果日報：2007 年 8 月 8 日地方版「黃槿花行動聯盟」新聞報導。

265. 中國時報：2013 年 3 月 6 日地方版新聞報導。

266. 中國廣播公司：2013 年 3 月 6 日廣播新聞報導。

267. 自由時報：2013 年 3 月 6 日地方版新聞報導。

268. 聯合報：2013 年 3 月 6 日地方版新聞報導。

269. 自由時報：2017 年 2 月 7 日宜蘭地方版報導。

270. 內政部：〈地方志書纂修辦法〉，1946 年 7 月 16 日施行，文號：內授中民字第 0920088588-3 號，2003 年 01 月 30 日公告廢止適用。

271. 《國立傳統藝術中心組織法》，2012 年 5 月 20 日生效。

272. 〈國立傳統藝術中心組織編制表，〉2012 年 5 月 20 日始生效。

273. 〈國立傳統藝術中心處務規程〉，2012 年 5 月 20 日始生效。

274. 《國立傳統藝術中心暫行組織規程》，2002 年 1 月。

275. 《文化資產保存法》及〈文化資產保存法施行細則〉2005 年 2 月 5 日。

276. 〈保證責任宜蘭縣蘇澳鎮白米社區合作社組織章程〉。

五、網際網路文本

1. 行政院環境保護署：〈行政院環境保護署歷史沿革〉，官方網址 htt//www.epa.gov.tw/ct.asp?xItem=3739&ctNode=30617&mp=epa，搜尋日 2017 年 01 月 08 日。

2. 陳定南教育基金會收藏：〈陳定南與王永慶辯六輕——剪輯版〉，網址 https://www.youtube.com/watch?v=alUUv53_TBk，2016 年 3 月 9 日發布。

3. 卡舒巴、安德明：〈從「民俗學」到「歐洲民族學」：研究對象與理論視角的轉換〉，中國民俗學網，2016 年 1 月 19 日發佈。

4. Robert Baron：〈美國公共民俗學：問題與實踐〉，2015 年 5 月 10 日於華東師範大學演講紀錄。

5. 許浩龍:〈國族記憶與歷史認同──台北故宮與故宮南院建築之文化符碼解析〉,部落格,http://eportfolio.lib.ksu.edu.tw/~T093000387/blog,(2011年5月)。

6. 內政部地政司:地政法規網址 http://www.land.moi.gov.tw/chhtml/content.asp?cid=86,瀏覽日期 2013 年月 25 日。

7. 竹南龍鳳宮:〈歷史靈蹟──廟誌沿革廟史〉,網址:http://www.chunan-great-mazu.org.tw/hestory/hestory.php,查閱日期 2014 年 8 月。

8. 靜宜大學台灣民俗研究中心:〈台灣戲曲篇〉,網站瀏覽日期:2016 年 6 月 25 日。

9. 林茂賢:靜宜大學台灣民俗研究中心〈台灣戲曲篇〉,網站瀏覽日期:2016 年 6 月。

10. 蘭陽戲劇團:網站瀏覽日期:2016 年 6 月 30 日。

11. 維基百科:蘭陽戲劇團篇、黃春明篇、曹復永篇、陳慕義篇等,網站瀏覽日期:2016 年 6 月 28 日。

12. 國立傳統藝術中心:《台灣音樂群像資料庫──音樂家名錄──歌仔戲藝人廖瓊枝──大世紀年表》,網站瀏覽日期:2016 年 7 月 28 日。